EVA-MARIA BAST | MARC-ALEXANDER WAGNER

Nordsee-Geheimnisse

50 SPANNENDE GESCHICHTEN AUS
BREMERHAVEN, CUXHAVEN UND DEM CUXLAND

NORDSEE-ZEITUNG
nordsee-zeitung.de
Cuxhavener Nachrichten
cn-online.de
Niederelbe-Zeitung
nez.de

Bast, Eva-Maria; Wagner, Marc-Alexander
Nordsee-Geheimnisse – 50 spannende Geschichten
aus Bremerhaven, Cuxhaven und dem Cuxland

NORDSEE-ZEITUNG, CUXHAVENER NACHRICHTEN und
NIEDERELBE-ZEITUNG in Kooperation mit:
Bast Medien, Münsterstr. 35, 88662 Überlingen (verantwortlich)
Überlingen 2016
ISBN: 978-3-946581-06-2

Lektorat: Simone Schelk
Covergestaltung: Jarina Binnig, Carina Linke, Cornelia Müller
Layout: Homebase – Kommunikation & Design, Jarina Binnig
Grafik: maps4news.com/©HERE (Karte)
Satz: Carina Linke
Druck: werk zwei Print+Medien Konstanz GmbH

Ein Titel aus der preisgekrönten Reihe „Geheimnisse der Heimat“

Inhalt

Vorwort der Nordsee-Zeitung *7*

Vorwort der Cuxhavener Nachrichten *9*

Die Autoren *11*

BREMERHAVEN

01. Geheimnis
Alte Bauteile – *Kurzer Stopp für Auswanderer* *12*

02. Geheimnis
Straßenbahnrosetten – *Als Stroh die Beine wärmen musste* *15*

03. Geheimnis
Dampframme – *Es muss nicht immer filigran sein* *18*

04. Geheimnis
Poller – *Ein sicherer Hafen für die Fregatte* *21*

05. Geheimnis
Steinerne Eicheln – *Zeichen der Macht* *24*

06. Geheimnis
Mauerrest – *Große Bühne kleiner Steine* *28*

07. Geheimnis
Pegelhäuschen – *Ein beachtliches Innenleben* *30*

08. Geheimnis
Reeperbahn – *Schwere Arbeiter statt leichte Damen* *33*

09. Geheimnis
Schiefe Häuser – *Ganz schön schräg* *36*

10. Geheimnis
Grabdenkmal – *Ein Denkmal für die beste Mutter* *40*

11. Geheimnis
Gespensterschiff-Tafel – *Die Schreie der Nazi-Opfer* *44*

12. Geheimnis
Holzschuppen *– Achtung, Explosionsgefahr!* 48

13. Geheimnis
Trockendock *– Aufstieg und Untergang zweier Werften* 51

14. Geheimnis
Dionysius-Grabstein *– Zwischen Fremden bestattet* 54

15. Geheimnis
Baulücke *– Der verschwundene Fluss* 58

16. Geheimnis
Erhebungen *– Blumen statt Bunker* 61

17. Geheimnis
Seute Deern *– Geisterschiff vor St. Thomas* 64

18. Geheimnis
Sandsteintafeln *– Über die Geeste ins Ausland* 66

19. Geheimnis
Geschäftshaus *– Fahrstuhl in die Vergangenheit* 70

20. Geheimnis
Auseinandergebrochene Mauer *– Die Einsamkeit der Zwangsarbeiter* 73

21. Geheimnis
Lale-Laterne *– „Wie einst Lili Marleen…“* 76

22. Geheimnis
Semaphor *– Die Zeichen der Zeit* 80

23. Geheimnis
Wrack *– Gustav Schmidt lebte nicht lange* 83

CUXHAVEN

24. Geheimnis
Berg *– Abenteuerspielplatz der Geschichte* 86

25. Geheimnis
Kanonenkugel *– Schwere Gefechte auf hoher See* 90

26. Geheimnis
Hügel *– Ruhestand statt Sturmfluten* 94

27. Geheimnis
Balkon *– Warum ein Schiff von unten spannend ist* 98

28. Geheimnis
Mauer *– Kuriositäten aus fernen Ländern* 101

29. Geheimnis
Galgenberg *– Stätte des Todes* 103

30. Geheimnis
Grenzstein *– Links Bremen, rechts Hamburg* 108

31. Geheimnis
Ankerhaken *– Fürstliche Residenzen für Kapitäne* 110

32. Geheimnis
Brückenreste *– Drei Wochen kurzes Straßenbahnglück* 115

33. Geheimnis
Geheimgang *– Vor neugierigen Blicken verborgen* 118

34. Geheimnis
Chinahäuschen *– Ein Mord und ein langjähriger Pachtvertrag* 120

35. Geheimnis
Ringwall *– Im Kreis der Vergangenheit* 123

BEVERSTEDT

36. Geheimnis
Opferstein *– Wie vom Himmel gefallen* 127

37. Geheimnis
Pestgrube *– Leidende Rinder und verzweifelte Bauern* 131

GEESTLAND

38. Geheimnis
Grabstein *– Lotterie auf dem Friedhof* 134

39. Geheimnis
Inschrift *– Vier Zeilen, ein Rätsel* 137

40. Geheimnis
Dolmen *– Baumaterial oder Kulturdenkmal?* 140

41. Geheimnis
Friedhof *– Totenruhe mitten im Wald* 143

HAGEN

42. Geheimnis
Straßengraben *– „Der Tod lauert an Kilometerstein 23,9"* 147

43. Geheimnis
Treppenturm *– Die Tür zum Glauben* 150

44. Geheimnis
Wappenstein *– Gott allein soll drüber richten* 154

LOXSTEDT

45. Geheimnis
Gruft *– Nur die Tauben waren Zeugen* 157

46. Geheimnis
Kopfsteinpflaster *– Der einzig sichere Weg* 161

SCHIFFDORF

47. Geheimnis
Ziegelsteine *– Spurensuche im Mauerwerk* 165

WURSTER NORDSEEKÜSTE

48. Geheimnis
Steinbrocken *– Zwei versteckte Kostbarkeiten* 169

49. Geheimnis
Waldstück *– Die Angst vor den Engländern* 174

50. Geheimnis
Porträtgrabplatten *– Versteinerte Vergangenheit* 178

Quellen, Literatur, Bildnachweis *182*

Karte mit den Geheimnissen *186*

Vorwort

Der Deich zieht die Menschen hier magisch an. Er fasziniert, der Blick aufs Wasser, auf die Wellen. Der nahezu ständig pfeifende Wind gehört dazu. Die bei jedem Fernweh auslösende Kulisse ist das, was diese Ecke Deutschlands so einmalig macht: Sie steht naturgemäß für ein (Lebens-)Gefühl, das das Abschalten vom Alltag und das Schweifenlassen der Gedanken in die aufschäumende, wellende Weite ermöglicht. Das Meer und die von den verschiedenen Containern bunt geschmückten Schiffe, die kommen und gehen – diese auch wirtschaftliche Symbiose rundet das Lebensgefühl hier an der Küste und im Hinterland des Deichs ab. Die Menschen an der Nordsee haben also ein Privileg, das nur hin und wieder durch das laute Kreischen der Möwen durchbrochen wird – aber dies gehört ja ebenso dazu. „Auf dem hohen Küstensande wandre ich im Sonnenstrahl; Über die beglänzten Lande bald zum Meere, bald zum Strande irrt mein Auge tausendmahl." Schöner hätte es Theodor Storm (1817-1888) nicht ausdrücken können.

„Für mich gehört der tägliche Gang auf den Deich einfach dazu, ich brauche das, mir den Wind um die Nase wehen zu lassen." Solche Aussagen hört man an der Nordseeküste fast aus jedem Mund, denn dies ist für die meisten Menschen hier die Zusammenfassung des Heimatgefühls. Doch auch hinter dem schützenden Deich, auf dem flachen Land, gibt es vieles zu erkunden. Die Heimatzeitungen in Bremerhaven, im Landkreis Cuxhaven und in Cuxhaven berichten tagtäglich über Besonderes aus dieser speziellen Region. Und natürlich versuchen wir als Journalisten dabei auch, dieses besondere Lebensgefühl hier zu beschreiben.

Die Zeitung hat zweifelsohne auch die Aufgabe, durch Recherche und durch das Bohren an bestimmten Stellen unbekannte Dinge an die Oberfläche zu holen. Doch Nordsee-Geheimnisse? Da kam der Kontakt zu Eva-Maria Bast, der Erfinderin der Zeitungs- und Buchreihe „Geheimnisse der Heimat", die mich fragte, ob wir an der Küste ebenfalls so ein Buch machen wollten, gerade recht. Denn die Herangehensweise der Buchautorin und ihres Co-Autors, in diesem Fall unser langjähriger geschätzter freier Mitarbeiter Marc-Alexander Wagner, kommt einem journalistischen Grundsatz gleich: „Die interessantesten Geschichten liegen auf der Straße, wenn man mit offenen Augen durch die Gegend läuft!"

Das Verborgene, die Details, das Allgegenwärtige, das jeder kennt, dessen Bedeutung aber kaum jemand weiß, das sind Schätze aus der Region, die die beiden mit großer Leidenschaft ausgegraben haben. Geheimnisse für Sie und uns. Entstanden ist ein aufregendes Buch, das besonderes Wissen von der Küste mit dem Heimatgefühl vor und hinter dem Deich vereint. Es ist ein Buch von Küstenmenschen für Menschen von der Küste.

In diesem Sinne: Ich wünsche Ihnen eine spannende Lektüre beim Erkunden nicht gekannter Geheimnisse!

Herzlichst Ihr

Christian Klose
Chefredakteur
NORDSEE-ZEITUNG

Vorwort

Der Blick des Betrachters erklimmt hohe Wolkentürme, fällt auf die Wogen der Nordsee, misst die Weite des Watts aus, durchwandert das satte Grün des Hinterlandes, bleibt vielleicht an der Kulisse Cuxhavens hängen, der Stadt der Fischindustrie und der Hafenarbeiter. Das Cuxland und Bremerhaven sind inspirierend. Das wusste auch schon Heinrich Heine. „Am Werfte zu Kuxhaven, da ist ein schöner Ort, der heißt die Alte Liebe, die meinige ließ ich dort", textete der Dichter anno 1823. Diese Region der Kontraste, die so urlaubsparadiesisch und gleichzeitig so rau und herb sein kann, die sich mal farbenfroh, mal grau und stürmisch zeigt, muss Entdecker geradezu herausfordern. Wenn nicht hier, wo dann lassen sich ungelöste Rätsel vermuten?

Die Nordsee-Geheimnisse, denen dieses Buch nachspürt, könnten die Leserinnen und Leser am Meeresgrund in den Bäuchen verschollener Schiffe oder vielleicht im Seemannsgarn, das über Jahrhunderte gesponnen wurde, vermuten. Eva-Maria Bast und Marc-Alexander Wagner haben jedoch einen anderen Ansatz gewählt. Das Autoren-Duo deckt geheimnisvolle Dinge und Mysterien auf, die man schnell mal übersehen kann, an denen man womöglich achtlos vorbei geht. Es sind besondere Schätze und Rätsel, die im Verborgenen liegen. Die Autoren zoomen Details und historische Relikte heran, die Geschichte und Geschichten erzählen. Da ist die kleine Kanonenkugel im Giebel eines Cuxhavener Hauses. Wer ahnt schon, dass sie von einer

Seeschlacht berichtet. Da ist die winzige Plakette an einem gewöhnlichen Poller in Bremerhaven, die an ein feierliches Ereignis erinnert und Marinehistorie wieder lebendig werden lässt. Da sind das Eingangstor zu einem mutmaßlichen Geheimgang am Schloss Ritzebüttel, ein Opferstein im Hollener Wald, ein rätselhafter steinerner Zeuge auf dem Langener Friedhof mit kryptischen Inschriften. Die historischen Ausflüge enden mal in China, mal in der Steinzeit. Und manchmal darf es auch ein wenig unheimlich sein - wenn es etwa zum Galgenberg nach Sahlenburg geht.

Für die Leserinnen und Leser ist das eine ganz besondere Reise, bei der sie das Cuxland und Bremerhaven auf andere Art und Weise neu kennenlernen. Eva-Maria Bast und Marc-Alexander Wagner haben mit wachen Augen, journalistischer Akribie und spannender Schreibe ein Bild von der Region gezeichnet, wie wir es noch nicht gesehen haben. Heimatkundige Menschen, die sich hier sehr gut auskennen, haben ihnen dabei assistiert und ihr Wissen zu dieser einzigartigen Spurensuche beigesteuert. So gibt die Lektüre viele wertvolle Einblicke – in das Leben und die Schicksale der Menschen, in die Vergangenheit und die Gegenwart dieser Region. Ein wunderbares Buch für Entdecker und solche, die es noch werden wollen.

Viel Spaß und Spannung beim Lesen wünscht

Felix Weiper
Redaktionsleiter
CUXHAVENER NACHRICHTEN und NIEDERELBE-ZEITUNG

Die Autoren

Eva-Maria Bast, Jahrgang 1978, arbeitet seit 1996 für verschiedene Zeitungen und Magazine. 2011 gründete sie mit Heike Thissen das Journalistenbüro „Büro Bast & Thissen", das 2013 erweitert wurde und sich nun „Bast Medien" nennt. Eva-Maria Bast initiierte und schreibt die Buchreihe „Geheimnisse der Heimat", die 2011 startete, rasch zu einem regionalen Bestseller wurde und die 2016 in über 30 Bänden vorliegt. 2012 wurde die Tageszeitung Südkurier für die Geheimnis-Reihe mit dem Deutschen Lokaljournalistenpreis der Konrad-Adenauer-Stiftung in der Kategorie „Geschichte" ausgezeichnet. 2012 begann Bast sich auch der Belletristik zu widmen. Mit „Vergissmichnicht" gab sie ihr Krimi-Debüt, „Tulpentanz" folgte ein Jahr später. Im Frühjahr 2014 erschien Teil 1 (Mondjahre), 2015 Teil 2 (Kornblumenjahre) und 2016 Teil 3 (Dornenjahre) ihrer zeitgeschichtlichen Jahrhundert-Saga. Seit Juni 2015 ist sie Gastdozentin an der Hochschule der Medien Stuttgart. Eva-Maria Bast lebt mit ihrer Familie in Überlingen am Bodensee.

Marc-Alexander Wagner, Jahrgang 1981, hat das journalistische Arbeiten ab 2008 während seines Volontariats bei der Nordsee-Zeitung in Bremerhaven gelernt. Der Zeitung ist er auch seit 2010 als freiberuflicher Redakteur treu geblieben. 2012 gründete er die Agentur Gedankenwerft in Bremerhaven, mit der er Kunden aus Wirtschaft, Wissenschaft und Verwaltung bei gedruckten und digitalen Publikationen unterstützt. Mit dem Geheimnisse-Buch kehrt er auch ein wenig zu seinen Wurzeln zurück: Seine ersten Schritte im Berufsleben machte er als Burgführer auf der mittelalterlichen Burg Lauenstein in seiner oberfränkischen Heimat. Seit gut einem Jahrzehnt lebt Marc-Alexander Wagner in Bremerhaven.

Katharina Rosen berührt ehrfürchtig die alten Ziegel, die vom ersten Auswandererhaus stammen.

01

Alte Bauteile

Kurzer Stopp für Auswanderer

Alte, verwitterte Ziegelsteine sitzen zwischen neuen und glatten Klinkern. Ein Fensterbogen aus gemauerten gelben Steinen hoch oben an der Wand – doch es befindet sich kein Fenster darunter: An diesem *Gebäude K* der Hochschule Bremerhaven gibt es viel zu entdecken. „Diese alten Ziegelsteine und die Fensterbögen stammen von dem Gebäude, das früher hier stand. Sie wurden zur Erinnerung in das neue Bauwerk integriert", erklärt Stadtführerin Katharina Rosen. „Denn der Vorgängerbau war ausgesprochen bedeutend: Es handelte sich um das erste Auswandererhaus." Selbiges war im Gegensatz zum jetzigen kein Museum, sondern das Haus, in dem diejenigen, die auswandern wollten, untergebracht und verpflegt wurden, bevor sie an Bord gingen, um mit all ihrem Hab und Gut im Gepäck ihrer neuen, unbekannten Heimat entgegenzufahren.

„Anfang der 1830er-Jahre entstand Bremerhaven als Bremer Hafen" (siehe Geheimnis 18), erzählt Katharina Rosen. „Und die Stadt wuchs schnell, weil hier die großen Auswandererschiffe anlegten. Viele, die das Land verlassen wollten oder mussten, machten hier Station." Die Reisenden hätten häufig gezwungenermaßen einen längeren Aufenthalt einlegen müssen: „Denn das lief damals anders als heute, wenn man eine Kreuzfahrt bucht und die Schiffe pünktlich ablegen", erklärt die Stadtführerin. „Es konnte manchmal Tage dauern, bis es endlich losging, und in dieser Zeit mussten die Menschen, die aus vielen Teilstaaten des Deutschen Bundes kamen, irgendwo unterkommen."

„Es herrschte oft drangvolle Enge, was im Hinblick auf Seuchen besonders gefährlich war."

Es war Johann Georg Claussen (1808-1885), Unternehmer, Kaufmann und Abgeordneter der Bremer Bürgerschaft, der schließlich den Architekten Heinrich Müller (1819-1890) mit dem Bau eines Auswandererhauses beauftragte. So entstand 1850 eine 2900 Quadratmeter große Herberge zwischen der Geeste und dem Alten Hafen, in der 1500 bis 2000 Menschen zeitgleich untergebracht werden konnten. Nicht nur Auswanderer, sondern auch Hafenarbeiter suchten hier Unterschlupf, zumal es für jeden eine warme Mahlzeit gab – gegen Bezahlung, versteht sich. „Das Auswandererhaus war ein Backsteingebäude, verfügte über drei Flügel und drei Stockwerke, in denen es große Schlaf- und Speisesäle, aber auch Einzelzimmer gab", erzählt Rosen. Zu dem großen Komplex gehörten noch mehrere Nebengebäude. Außerdem war das enorme Bauwerk mit einem Turm ausgestattet, in dem sich auch eine Kapelle befand – das einzige Gotteshaus Bremerhavens bis zur Einweihung der Großen Kirche 1855.

Das Auswandererhaus wurde gern und viel in Anspruch genommen, denn die Ströme derer, die auf einem anderen Kontinent ein neues Leben anfangen wollten, nahmen immer mehr zu. „So viele Menschen auf engem Raum, das führte zu hygienischen Schwierigkeiten", erzählt Katharina Rosen. „Es herrschte oft drangvolle Enge, was im Hinblick auf Seuchen besonders gefährlich war." Zwar wurden die hygienischen Zustände behördlich kontrolliert, dennoch brach in dem völlig überfüllten Gebäude 1853 die Cholera aus. Doch der Andrang ließ in der Folgezeit vor allem aus einem anderen Grund nach: „Ab 1848 wurde zwar der Linienverkehr zwischen Bremerhaven und New York etabliert, was noch mehr Menschen nach Bremerhaven lockte. Diese konnten durch den Ausbau der Eisenbahnstrecke nach Bremerhaven 1855 bequemer, schneller und vor allem erst direkt am Tag ihrer Abreise in die Stadt kommen." Für das Auswandererhaus brachen mit der fortschreitenden Infrastruktur aber keine guten Zeiten an. Da immer weniger Menschen auf eine kurzzeitige Unterkunft angewiesen waren, verwaiste das großangelegte Gebäude. Weil es sich nicht mehr trug, wurde das Haus und damit ein Stadt-Kapitel 1864 geschlossen. In den Folgejahren gab es für das einstige Auswandererhaus unterschiedliche Nutzungen – als Lazarett zum Beispiel, dann als Kaserne, schließlich als Brauerei. „Ab 1985 wurde der Hochschulcampus errichtet und das Auswandererhaus integriert", erzählt Katharina Rosen die Geschichte zu Ende. Für sie ist es eine Hommage an die Vergangenheit, dass die alten Bauteile als Erinnerung an das alte Auswandererhaus in die Fassade integriert wurden. Wenn man diese Geschichte kennt und die Fensterbögen betrachtet, kann man sich die Auswanderer vorstellen, die unter ihnen standen und einen bangen und zugleich hoffnungsvollen Blick hinauswarfen – in Richtung ihrer neuen Heimat.

Fensterbogen ohne Fenster? Eine Erinnerung an den bedeutenden Vorgängerbau.

Eva-Maria Bast

So geht's zu den alten Bauteilen:

Die Reste des ersten Auswandererhauses befinden sich sich am Gebäude K der Hochschule Bremerhaven in der Straße Karlsburg direkt neben der Kunsthalle.

Klein und unscheinbar, aber von großer Bedeutung: Straßenbahnrosette in der Hafenstraße.

02

Straßenbahnrosetten

Als Stroh die Beine wärmen musste

Eine Straßenbahn in Bremerhaven? Oh ja, die gab es! Und wer wachen Blicks durch die Stadt geht, der entdeckt auch noch viele Spuren dieser einstigen Straßenbahn: An etlichen Häusern, zum Beispiel in der Hafenstraße, finden sich sogenannte Straßenbahnrosetten – meist im Bereich des ersten oder zweiten Stockwerks. In manche dieser Straßenbahnrosetten sind Haken getrieben, die die Oberleitungen hielten.

Eine Art Straßenbahn gab es in Bremerhaven bereits Ende des 19. Jahrhunderts – und die wurde mit echter Pferdestärke betrieben: Heinrich Alfes (1821-1907), Unternehmer aus Bremen, bekam im Sommer 1879 vom Senat die Vorkonzession für eine Pferdebahn. Bis alle Verhandlungen geführt, die Formalitäten erledigt waren und die Gleise verlegt werden konnten, wurde es aber April 1881. Die erste Strecke führte vom Bahnhof Geestemünde über die Kanalbrücke und die Geestebrücke durch die Bürgermeister-Smidt-Straße, die Lloydstraße und die Hafenstraße zum Pferdebahndepot in Lehe. Eine aufregende Angelegenheit war das.

Die Polizei erließ drei Paragrafen zum Umgang mit der Straßenbahn: „Paragraph 1: beim Herannahen der Wagen der Straßenbahn und insbesondere beim Ertönen der Glocke derselben hat das Publikum sich überall von der Bahn zu entfernen. Alle Fuhrwerke, so Reiter haben den ihnen entgegenkommenden oder nachfolgenden Straßenbahnen vollständig und soweit auszuweichen, dass zwischen ihnen und der nächsten Bahnschiene noch ein Raum von einem Meter frei bleibt und der Eisenbahnwagen ohne Aufenthalt vorbei kommen kann.“ In Paragraf 2 wird erklärt, man solle weder Holz noch Steine „oder sonstige(n) hindernde(n) Gegenstände(n) auf den Bahnkörper, sowie neben derselben innerhalb 1 Meter von der äußeren Seite der Bahnschienen legen.“ Das Glockenzeichen dürfe man nicht nachahmen, und auch andere Handlungen, die den Betrieb stören könnten, seien verboten. In Paragraf 3 war geregelt, was Schwarzfahrern blühte: bis zu 9 Mark Strafe oder gar Gefängnis.

„Natürlich muss man sich an der Haltestelle rechts zur Fahrtrichtung aufstellen.“

In Betrieb war die Pferdebahn ab dem 26. Juni 1881. Zur Eröffnung gab es ein großes Hallo: Was im Königreich Hannover und in der Hansestadt Bremen Rang und Namen hatte, war gekommen, um an den Feierlichkeiten teilzunehmen. „Die gesamte Strecke war 6,2 Kilometer lang und eingleisig ausgeführt worden. Haltestellen gab es nicht; es wurde auf Handzeichen ein- und ausgestiegen“, schreiben Andreas Mausolf und Wilhelm Esmann in ihrem lesenswerten Buch zum Thema. Sie berichten auch von einem amüsanten Ereignis, das sie der Jubiläumsfibel der Bremerhavener Stadtbahn zu deren 75-jährigen Bestehen entnommen haben. „Um im Winter den Fahrgästen in den – zu Pferdebahnzeiten natürlich nicht beheizten – Fahrzeugen eine angenehme und nicht allzu kalte Fahrt zu ermöglichen, ließ man die Wagen mit einer kniehohen Strohschüttung versehen, so dass die Beine der Fahrgäste warmgehalten wurden.“

Übrigens war die Bahn außergewöhnlich erfolgreich: Schon im ersten Geschäftsjahr fuhren knapp 850.000 Menschen mit der Pferdebahn. Immer weiter wurde sie in den Folgejahren ausgebaut – und das recht zügig: ab 1898 fuhr sie bis zum Bahnhof Speckenbüttel. Ende des 19. Jahrhunderts wurde die Straßenbahn für kurze Zeit mit Akkufahrzeugen betrieben, weil man fürchtete, die Oberleitungen würden das Stadtbild stören und im Hafen könnte der Funkenflug den Oberleitungen gefährlich werden. Dann kam im Oktober 1907 nach langen und zähen Verhandlungen endlich die elektrische Straßenbahn.

Und am 4. Juni 1908 fuhr sie dann tatsächlich. Sie verkehrte zwischen Bremerhaven Markt und Zollamt. Schon Mitte August war auch die Strecke Wulsdorf elektrifiziert, das Netz wurde weiter ausgebaut, und die Linien 3 und 4 führten über die Hafenstraße, wo heute noch die Straßenbahnrosetten zu finden sind. Ab den 1960er-Jahren begann dann jedoch der Abstieg: Wie in vielen anderen Städten auch wurden immer mehr Strecken durch Omnibusse ersetzt, 1982 stieg man in Bremerhaven schließlich ganz auf Busse um.

Die Umgewöhnung von der Straßenbahn auf den Omnibus dürfte aber nicht so schwer gewesen sein, wie die von der Pferdebahn auf die elektrifizierte Bahn: Die Nordwestdeutsche Zeitung, Vorgängerin der Nordsee-Zeitung, schrieb am 18. Juli 1908: „Das Aufspringen auf Straßenbahnwagen ist auf der Elektrischen nicht mehr so leicht, wie es auf der Pferdebahn war und erfordert, ebenso wie das Abspringen, größere Gewandtheit, denn das Trittbrett ist höher und die Fahrt schneller. Ein Herr, der an der Ecke Mittelstraße aufspringen wollte, kam zu Fall und verletzte sich am Knie. Es empfiehlt sich also, nach der nächsten Haltestelle zu gehen." Und auch diesen Hinweis wollte das Blatt seinen Lesern nicht vorenthalten: „Natürlich muss man sich an der Haltestelle *rechts* zur Fahrtrichtung aufstellen."

Eva-Maria Bast

So geht's zu den Straßenbahnrosetten:

Man kann sie vielerorts an Bremerhavener Häusern entdecken. Besonders viele finden sich an Gebäuden in der Hafenstraße.

Nicht in allen Details vollständig, aber doch deutlich erkennbar: eine Dampframme.

03

Dampframme

Es muss nicht immer filigran sein

Viele Hausgiebel in Lehe sind reich verziert: zarte Engel, feingliedriges Pflanzenwerk in Stuck, ehrwürdige Wappen. Nur hier, an diesem Giebel in der Jacobistraße, ist eine etwas andere Stuckverzierung zu finden, die sich nicht so recht in die filigrane Reihe fügen mag. Von Blättern eingerahmt ist hier – in Stuck verewigt – ein dampfendes oder rauchendes Gestell zu sehen: eine Dampframme.

„Dieses ungewöhnliche Motiv erinnert an eine Maschine, wie sie für den Hafenbau oder den Hochbau in feuchten Landstrichen typisch war", erläutert Kai Kähler, Historiker und Vorsitzender des Kunstvereins Bremerhaven. Von jeher war es üblich, Gebäude und Anlagen in Gegenden mit weichem oder unsicherem Untergrund auf Pfähle zu stellen, damit sie nicht einsanken (siehe Geheimnis 09). Bis ins 19. Jahrhundert wurden die Pfähle mit Hand- oder Zugrammen, sprich mit Menschenkraft, in die Tiefe getrieben – eine kräftezehrende, personal- und kostenintensive Arbeit. „Es lag also nahe, das Heben des Rammklotzes mit einer mechanischen Hilfe zu vereinfachen", erläutert Kai Kähler. In England sei erstmals 1845 im Hafenbau in Devonport, Plymouth, eine neuartige Dampframme eingesetzt worden. „Ihr Erfinder James Nasmyth behauptete, dass die Pfähle damit so schnell in den Grund eindringen würden, wie man eine Stecknadel in ein Nadelkissen zu stecken pflege", erzählt Kähler. Wenige Jahre später hatten sich die Dampframmen auch im anfangs skeptischen Deutschland durchgesetzt. Wann die erste in Bremerhaven verwendet wurde, ob schon beim Bau des Neuen Hafens oder erst später, ist nicht bekannt. Bei der in Lehe dargestellten Maschine handele es sich jedenfalls um eine jüngere aus der Zeit der Jahrhundertwende um 1900, merkt der Historiker an.

Die Dampfmaschine trieb eine Seiltrommel an, die den Rammklotz, auch Bär genannt, in die Höhe zog und schließlich gezielt auf den Pfahl fallen ließ. „Der Rammklotz selbst war aus Eisen und wog bis zu eineinhalb Tonnen", ergänzt Kai Kähler. Trotz dieser Wucht habe das Rammen eines Holzpfahls je nach Untergrund aber 15 bis 20 Minuten gedauert. „Rechnet man die Vorarbeiten dazu – Pfahl holen, aufnehmen, festbinden, Ramme in Position bringen und ausrichten –, dauerte ein Rammvorgang im günstigsten Fall eine halbe Stunde", rechnet Kähler nach.

Doch wie kommt die Dampframme nun als Stuckverzierung an den Hausgiebel? „Die Größe und die klassizistische Fassade des Hauses lassen vermuten, dass es sich um ein Privathaus aus der Zeit um die Jahrhundertwende handelt", sagt der Vorsitzende des Kunstvereins. Er hat weiter recherchiert: „1909 wurde das Haus erstmals im Adressbuch Lehes verzeichnet und gehörte dem Tiefbauunternehmer Ferdinand Hencke. Dieser hatte vorher nicht in den Unterweserorten gewohnt. Daher ist anzunehmen, dass ihn größere Bauaufträge bewogen hatten, 1908 schließlich doch nach Lehe zu ziehen."

In jenem Jahr gab es vor allem zwei Vorhaben in Bremerhaven, die umfangreiche Rammarbeiten verlangten: Der Bau der Kaiserhäfen

II (1906-1908) und III (1907-1909). Als Bremerhaven 1827 gegründet wurde, waren es Segelschiffe, die hier anlegten und Menschen und Güter über See transportierten. Doch die Industrialisierung schritt schnell voran: Auf dem Wasser zeigte sich dies vor allem an den Dampfschiffen, die bis dahin ungekannte Geschwindigkeiten und Größen erreichten. Bremerhaven musste seine Häfen und sein Stadtgebiet erheblich erweitern, um nicht den Anschluss zu verlieren. 1875 wurde der Kaiserhafen I fertiggestellt, doch es dauerte nicht lange, bis selbst dieser den ständig steigenden Ansprüchen nicht mehr genügte. Die größte Reederei vor Ort, der Norddeutsche Lloyd, verlegte seine Abfertigung 1890 sogar auf die andere Weserseite nach Nordenham, weil der Platz in Bremerhaven nicht ausreichte. Erst als hier 1897 die Kaiserschleuse, das größte Schleusenbauwerk seiner Zeit, in Betrieb ging, kehrte die Reederei zurück. Doch es brauchte noch den Bau der Kaiserhäfen II und III, bis die Hafenflächen die rasante Entwicklung eingeholt hatte.

„Leider sind die Unterlagen zum Bau der Kaiserhäfen sehr spärlich, doch bei einem kaufmännischen Angebot zum Kaiserhafen III findet sich der Name Henckes", berichtet Kai Kähler. „Zusammen mit dem Unternehmer Johann Kipp hatte er das günstigste Angebot eingereicht, und beide erhielten von der Deputation für Häfen und Eisenbahn am 26. Juni 1909 auch den Zuschlag für den Großauftrag."

Während also nun die einen ihr Wappen als Stuckverzierung anbringen ließen oder sich von Engelsfiguren am Hausgiebel himmlischen Beistand erhofften, zeigte Ferdinand Hencke stolz, womit er es zu einigem Wohlstand, Erfolg und zu einem schönen Häuschen gebracht hat: mit der Dampframme.

Marc-Alexander Wagner

So geht's zur Dampframme:

Die ungewöhnliche Stuckverzierung befindet sich am Giebel des Hauses Jacobistraße 37 in Bremerhaven-Lehe.

Stadtarchivarin Dr. Julia Kahleyß sitzt auf dem Poller, an dem einst ein wichtiges Schiff festmachte.

Poller

04

Ein sicherer Hafen für die Fregatte

Ein Poller. Nichts Außergewöhnliches in einem Hafen, sollte man meinen. Dieser hier schon: Wer genau hinsieht, entdeckt auf dem Fuß des Pollers eine winzig kleine, verwitterte Tafel, auf der zu lesen ist: *An dieser Pier hatte die Schulfregatte Scheer F216 der damaligen MOS (Marineortungsschule, heute Marieneoperationsschule) zur feierlichen 2. Indienststellung am 30. November 1962 unter ihrem Kommandanten Korvettenkapitän Clemens Ostrowitzki festgemacht. Die alte Besatzung der Schulfregatte „Scheer" F 216 behält ihr Schiff immer in guter Erinnerung. (Gestiftet von einem alten E-Mixer).*

„Auf diese winzige Tafel hat mich Marinehistoriker Helmut Krummel hingewiesen", erzählt Stadtarchivarin Dr. Julia Kahleyß. „Ich bin relativ sicher, dass dieses Relikt hier so gut wie niemand kennt oder von dessen Existenz weiß." Dabei ist dieser Poller samt

Tafel ein wichtiger Zeuge der Stadtgeschichte: „Er verweist auf die Rolle als bedeutender Marinestandort", der Bremerhaven seit 1848 – allerdings mit teilweise langen Unterbrechungen – war. Die Fregatte Scheer (F216) war ein Schulschiff der Marineortungsschule, seit 1997 Marineoperationsschule. „Das ist die zentrale Ausbildungseinrichtung der deutschen Marine", erzählt die Stadtarchivarin.

Die Kasernenanlage, die die spätere Marineoperationsschule beheimatet, wurde zwischen dem Ersten und Zweiten Weltkrieg 1934/35 in der Geesteschleife gebaut. Nach 1945 nutzten die in Deutschland stationierten US-Seestreitkräfte die Anlage. Die Bundesmarine ist seit 1956 in den Gebäuden untergebracht: Sie richtete hier die Technische Marineschule II (TMS II) ein und eben die Marineortungsschule als Vorläufer der heutigen Marineoperationsschule. Man kann es sich denken: Marineschüler lernen nicht nur an Land, sondern logischerweise auch auf See. Um die Schüler in der praktischen Navigation ausbilden zu können, erhielt die Marineschule deshalb 1957 ein früheres Räumboot der Kriegsmarine. Nur zwei Jahre später wurde dieses durch die Schulfregatte Scheer ersetzt.

Bereits 1957 hatte die Bundesrepublik zu Ausbildungszwecken sieben Fregatten von Großbritannien gekauft – um auf ihnen angehende Marinesoldaten auszubilden. „Die Bundesmarine benötigte zu diesem Zeitpunkt dringend spezialisierte moderne Schulschiffe für die anlaufende Seeoffiziersausbildung", schreibt Thomas Menzel in einem Aufsatz über die sieben Fregatten. Und weiter: „Die anzukaufenden Schiffe mußten sämtlich noch instandgesetzt, umgebaut und neu ausgerüstet werden; die ersten beiden Schiffe hätten ursprünglich bereits im Dezember 1956 fahrbereit sein sollen. Letztlich verzögerte sich alles, der Ankauf wurde erst im November 1957 abgewickelt, die Indienststellungen nach Umbau erfolgten zwischen Oktober 1958 und Mai 1959 und die Kosten für die Umbaumaßnahmen waren schließlich höher als erwartet."

„Ich bin sicher, dass das hier so gut wie niemand kennt oder weiß."

Benannt wurde die Fregatte Scheer übrigens nach Admiral Reinhard Scheer (1863-1928), dem Kommandeur der Deutschen Hochseeflotte in der Skagerrakschlacht. Die Skagerrakschlacht war das größte

Seegefecht des Ersten Weltkriegs, ausgetragen zwischen der deutschen Hochseeflotte und der Grand Fleet der britischen Royal Navy. Die Kämpfe vor Jütland dauerten vom 31. Mai bis 1. Juni 1916 .

Der Poller erinnert an ein feierliches Ereignis.

Als das Schiff nach Bremerhaven kam, war es schon 16 Jahre alt: Es war 1943, also mitten im Zweiten Weltkrieg, in der Werft Alexander Stephen and Sons in Govan als HMS Hart für die Royal Navy vom Stapel gelaufen. „Ab Dezember 1943 stand es bei der britischen Marine im Dienst. Eine der Aufgaben seiner Besatzung war, die britische Handelsschifffahrt vor deutschen U-Boot-Angriffen zu schützen", erzählt die Stadtarchivarin. Nach dem Zweiten Weltkrieg war die Scheer für Großbritannien in Australien und dem Fernen Osten im Einsatz.

Im Anschluss an ihr ereignisreiches Schiffsleben durfte sie nun also lernwillige Marineschüler über die Meere schippern. 1962, sagt Dr. Kahleyß, wurde die Scheer dann nachgerüstet– und zwar in der in Bremerhaven sehr bekannten Seebeckwerft. „Sie erhielt moderne Radaranlagen sowie neue Ortungs- und Navigationsgeräte und wurde technisch auf den neuesten Stand gebracht." Zur Wiederindienststellung gab es ein feierliches Zeremoniell – und sie hatte eben an jenem Poller festgemacht, an dem heute die Plakette zu finden ist.

Eva-Maria Bast

So geht's zum Poller:

Der Poller befindet sich am Parkplatz an der Fischerei-Doppelschleuse, neben dem Alfred-Wegener-Institut, Helmholtz-Zentrum für Polar- und Meeresforschung (AWI).

Wappen und Eicheln am Dachgiebel waren ein Zeichen bremischer Ordnungsmacht.

05

Steinerne Eicheln

Zeichen der Macht

Die imposante, geradezu monumentale Fassade setzt ein deutliches Zeichen. Sie trägt eine Nachricht, gerichtet an die Menschen im Hafen. Will man die steinerne Botschaft in Gänze verstehen, muss man sich dem gewaltigen Gesamteindruck kurz entziehen und auf die Details achten: Zwei steinerne Eicheln – eine links, eine rechts auf dem Dach des Vorbaus – rahmen ein großformatiges Bremer Wappen im Giebel ein.

Wir stehen vor dem Havenhostel am Ende der Bürgermeister-Smidt-Straße in unmittelbarer Nachbarschaft zum Bremischen Hafengebiet. Jens Grotelüschen, der hier 2010 dieses Hostel eröffnet hat und nebenbei noch dem Verein für maritimen Denkmalschutz vorsitzt, kann einiges über die Geschichte des Gebäudes erzählen. „Am 1. Oktober 1925 wurde es als Standort der bremischen Schutzpolizei eingeweiht", berichtet er. Der repräsentative, fünfgeschossige und streng symmetrische Bau sei in der seit dem Barock typischen Bauweise einer Kaserne errichtet worden. Vor dem Haupteingang ragt eine doppelgeschossige, mit fünf Rundbögen versehene Vorhalle empor, was den Bau noch imposanter, noch einschüchternder erscheinen lässt. Am Giebel schließlich prangt das fast ein Stockwerk hohe Bremer Staatswappen und auf dem Dach thronen die beiden Eicheln. Diese staatstragende, soldatische Gestaltung kommt nicht von ungefähr: „Die hier stationierte Einheit, auch Grüne Polizei genannt, war straff militärisch organisiert", führt Grotelüschen aus. „Sie ist aus der im Sommer 1920 aufgelösten Sicherheitspolizei hervorgegangen." Polizeioberst Walter Caspari (1877-1962) führte das Kommando – ein Mann, der mit einer Gefolgschaft Freiwilliger, dem sogenannten Freikorps Caspari, großen Anteil daran hatte, im Februar 1919 die Räterepublik in Bremen niederzuschlagen.

„Die Grüne Polizei wurde vor allem bei inneren Unruhen eingesetzt – und davon gab es Anfang des 20. Jahrhunderts auch in Bremerhaven einige", erläutert Jens Grotelüschen. Die Hungersnöte des Ersten Weltkriegs, besonders des sogenannten Steckrübenwinters 1916/1917, führten in der Stadt zu Lebensmittelunruhen. Am 7. Dezember 1916 rief der örtliche Festungskommandant deswegen einige Tage lang den Ausnahmezustand aus.

In den Nachkriegsjahren sorgte die Inflation für neue Nöte. Die Stadtgemeinden Bremerhaven, Geestemünde und Lehe, selbst Einrichtungen wie das Institut für Seefischerei druckten damals händeringend Notgeld, konnten aber wenig daran ändern, dass viele Menschen mit wertlosen Scheinen in ihren Händen vor dem Nichts standen. Am 26. Juni 1920 entlud sich die Existenzangst: In allen drei Unterweserorten stürmten Menschen Geschäftshäuser, um zu protestieren und zu plündern. Es gab Verletzte und mindestens einen Toten.

„Auch den Standort am Hafen wählte die Polizei nicht willkürlich: Immer wieder war er Schauplatz von Auseinandersetzungen", merkt Grotelüschen an. So wurden am 27. Februar 1924 etwa mehr als 40.000 Arbeiter von den deutschen Werften an Nord- und Ostsee ausgesperrt – nur der Höhepunkt eines viele Wochen dauernden und letztlich vergeblichen Arbeitskampfes.

Es waren diese Jahre und Ereignisse, die zum Bau der Polizeikaserne und zum Einzug der Grünen Polizei führten. „Mit diesem Bauwerk unterstrich Bremen seinen Hoheitsanspruch und setzte ein Zeichen seiner Ordnungsmacht", beschreibt Grotelüschen. Dieses Zeichen zielte vor allem in eine Richtung: „Das Wappen auf Höhe des fünften Stockwerks ist bis weit in den Hafen hinein zu sehen." Auch die Eicheln lassen keinen Zweifel am Zweck des Polizeigebäudes: Mit ihrem harten Holz und spät fallendem Laub ist die Eiche nämlich schon seit der Zeit der Germanen ein Symbol für Standhaftigkeit. Seit der Reichsgründung 1871 und dem Aufkommen eines deutschen Nationalgefühls zogen Laub und Früchte der Deutschen Eiche in die Symbolsprache auf Medaillen, Münzen, Ehrenmalen, Hoheitszeichen und auf Gebäuden wie der Polizeikaserne in Bremerhaven ein. Standhaft stemmte sich die Obrigkeit gegen die aufrührerischen Untertanen, standhaft hielt das große Bremen das kleine Bremerhaven im Zaum.

Der Schlagbaum ist oben: Jens Grotelüschen hat dafür gesorgt, dass die ehemalige Kaserne heute zwar originalgetreu erhalten, aber doch sehr viel einladender ist.

Auch nach der Stationierung der Grünen Polizei 1925 gab es noch einiges zu tun. Im Herbst 1928 kam es zum letzten großen Arbeitskampf der Werftarbeiter vor der Machtergreifung durch die Nationalsozialisten 1933 und der Zerschlagung der Gewerkschaften. Neben höheren Löhnen – schließlich waren die Lebenshaltungskosten enorm gestiegen – ging es den Menschen auch um eine Reduzierung der Arbeitszeit, denn auch zehn Jahre nach Gründung der Weimarer Republik wurde auf den deutschen Werften noch immer 52 Stunden pro Woche gearbeitet, obwohl bereits 1918 sechs Achtstundentage festgelegt worden waren. Ab dem 2. Oktober 1928 ließen mehr als 42.000 Arbeiter auf allen Werften an Ost- und Nordsee die Arbeit ruhen.

Auch 1931 sorgte die inzwischen dramatisch gestiegene Arbeitslosigkeit für Unruhe. Am 18. Juni kam es zu solch schweren Krawallen, dass der Bremerhavener Magistrat Umzüge und alle politischen Versammlungen unter freiem

Himmel verbot. Es waren die Vorboten des düstersten Kapitels deutscher Geschichte.

Auch für das Gebäude an der heutigen Bürgermeister-Smidt- und früheren Kaiserstraße begann ein neuer Abschnitt: „Nach zehn Jahren wurde aus der polizeilichen eine tatsächlich militärische Kaserne. Aufgrund seiner hafennahen Lage war sie natürlich für die Marine prädestiniert. Ab 1935 wurden hier Rekruten ausgebildet, die auf den im Hafen stationierten Kriegsschiffen ihren Dienst verrichten sollten", erzählt Jens Grotelüschen. Nach dem Ende des Zweiten Weltkriegs wurde die Kaserne an die US-Army zur Nutzung übergeben, nach der Gründung der Bundeswehr ging die Liegenschaft 1956 schließlich wieder an die Marine. „Hier war lange Zeit die Transportdienststelle See angesiedelt, die sämtliche militärische Seetransporte plante, organisierte und überwachte", führt der Unternehmer aus.

„Die Grüne Polizei wurde vor allem bei inneren Unruhen eingesetzt – und davon gab es Anfang des 20. Jahrhunderts auch in Bremerhaven einige."

Ab 2004 stand das Gebäude allerdings leer. Grotelüschen – damals auf der Suche nach einem Standort für ein neues und neuartiges Hotel – erkannte das Potenzial und erwarb das Kasernengrundstück. „Es ist uns gelungen, beim Umbau Denkmal- und Klimaschutz-Aspekte unter einen Hut zu bringen", betont er. „Die ehemaligen Mannschaftsunterkünfte haben wir in Einzel-, Doppel-, Vier- und Sechs-Bett-Zimmer aufgeteilt, sodass wir als erstes Hostel in Bremerhaven mehr als 200 Betten für Übernachtungen anbieten können." Im Januar 2010 eröffnete das Havenhostel. Und wo dereinst bremische Ordnungsmacht herrschte, lebt jetzt die Bremerhavener Gastfreundschaft.

Marc-Alexander Wagner

So geht's zu den steinernen Eicheln:

Das Havenhostel Bremerhaven liegt am Ende der Bürgermeister-Smidt-Straße, Hausnummer 209, nahe dem Zolltor Roter Sand.

Lili Maffiotte sind die ungewöhnlichen Steine bei ihren Läufen durch den Speckenbütteler Park aufgefallen.

06

Mauerrest

Große Bühne kleiner Steine

Wie zufällig liegen sie da: Ein paar Steine, ein Steinwall. Zwischen Laub und Bäumen sind auch verzierte Teile der Rückwand zu sehen. Nur aufmerksamen Spaziergängern dürften diese Relikte im Speckenbütteler Park auffallen. Doch diese unscheinbare Steingruppierung hat während des Ersten Weltkriegs für großes Theater gesorgt. Buchstäblich.

„Das sind die Überreste einer Naturbühne im Speckenbütteler Park, die damals viel bespielt wurde und ein sehr beliebtes Ausflugsziel war“, erläutert Lili Maffiotte, Redakteurin bei der Nordsee-Zeitung. „Diese Bühnen, auch Waldbühnen genannt, waren mal groß in Mode. In anderen Städten wie Berlin und Bremen gibt es sie bis heute.“

Auf ihren regelmäßigen Läufen durch den Park sind Maffiotte die Steine aufgefallen. Und die journalistische Neugierde war geweckt: Mit Hilfe des Gartenbauamts Bremerhaven konnte sie einige Fakten recherchieren. „Die Bühne hat einst auf einem Hügel gestanden. Sie war mit jenen Steinen eingefasst, die wir im Speckenbütteler Park noch sehen können", beschreibt sie.

In historischen Büchern – allen voran Willy Wolffs Buch „Im Speckenbütteler Park" konnte die Journalistin weitere Angaben finden. „Die Bühne hat eine künstliche Ruine ersetzt, die als hübsche Kulisse aus dem Gestein des Turmforts Wilhelm an der Geesteeinfahrt erbaut worden war", berichtet Lili Maffiotte. Mitten im Ersten Weltkrieg wurde die – inzwischen tatsächlich baufällige – Ruine abgerissen und 1915/16 durch die Naturbühne ersetzt. „Im ersten Jahr wurde hier das Nachtlager von Granada aufgeführt. Es wurde ein Kassenschlager und verhalf der Naturbühne im Speckenbütteler Park zu einer gewissen Größe. Der damalige Kapellmeister Otto Albert hatte mit dem Stück den richtigen Riecher bewiesen", erzählt die Redakteurin. Der Eintritt habe zwischen 1 und 1,50 Mark gekostet. „Beflügelt vom Erfolg schmiedete der Kapellmeister große Pläne. Er wollte weitere Stücke folgen lassen: Trompeter von Säckingen, Das Glöcklein des Eremiten, Zigeunerbaron und Goethes Iphigenie hatte er sich ausgeguckt."

Doch der Traum des Kapellmeisters von vielen sommerlichen Opernabenden scheiterte am Geld. Die Vertretung der deutschen Bühnenangehörigen verlangte, dass Albert 5000 Mark als Sicherheit für das Personal hinterlegte. „Diese Summe konnte er wohl nicht aufbringen."

Doch rückblickend wäre der Erfolg ohnehin fraglich gewesen: In den Kriegen und auch in den Jahren danach haben die Menschen in ihrer Not mitgenommen, was sie zum Überleben brauchten. „Die Bretter, die die Welt bedeuteten, landeten als Brennholz im Feuer", resümiert Lili Maffiotte. So sind die paar Steine im Speckenbütteler Park alles, was vom großen Theater der Naturbühne übrig ist. Vorhang.

Marc-Alexander Wagner

So geht's zum Mauerrest:

Die Überbleibsel der Naturbühne sind im Speckenbütteler Park hinter dem Parktor zu finden.

BREMEN

07

Pegelhäuschen

Ein beachtliches Innenleben

Es sieht ein wenig verrostet aus. Und irgendwie anrührend. Jedoch: Was ist das überhaupt, das da am Alten Vorhafen direkt an der Kaje steht und wie ein Häuschen aussieht? Ist es ein Ofen? Immerhin erinnert die eine Tür an eine Ofenklappe. Ein Schornstein fehlt ihm allerdings. Dafür windet sich ein Gestänge um das Häuschen herum. Stadtführerin Katharina Rosen ist viel in der Hafenstadt unterwegs. Und sie weiß auch, was es mit dem Häuschen auf sich hat: „Das ist ein Pegelhäuschen, oder zumindest war es das bis 1925", erzählt sie. „Im Innenraum wurde der Wasserstand gemessen." Das kleine Häuschen beherbergte eine komplizierte Technik: „In seinem Inneren befindet sich ein Schwimmer, der mit dem Wasserpegel steigt oder absinkt", sagt sie. „Der so erfasste Wasserpegel wurde dann elektrisch an das Betriebshäuschen des Wasserstandanzeigers übermittelt, in dem sich heute das Strandcafé Strandlust befindet. Von hier aus wurde es an den ebenfalls noch erhaltenen Bremerhavener Wasserstandsanzeiger übertragen." Bis 1925 war das Pegelhäuschen in Betrieb: „Bis in die 80er-Jahre wurden die Wasserstände dann an der Fischereihafen-Doppelschleuse gemessen. Heute befindet sich der Pegel unweit des alten Standorts vor der Einfahrt in die Sportbootschleuse", erklärt Katharina Rosen.

„Es ist schön, dass es Menschen gibt, die sich um die Relikte aus der Vergangenheit kümmern."

Obwohl es schon lange ausgedient hat, zieht das Pegelhäuschen immer noch Blicke auf sich. Der Grund sind die seilartigen Rohre, die sich um es herum winden. „Damit sollte verhindert werden, dass sich Leinen in dem Pegelhaus verfingen", sagt die Stadtführerin. „Denn hier wurden einst Schiffe in den Alten Hafen getreidelt. Das heißt, man hat sie an der Kaje entlang bis in den Hafen gezogen." Katharina Rosen findet es anrührend, dass das Häuschen immer

Katharina Rosen kennt die Geschichte dieses Häuschens am Alten Vorhafen.

Wen oder was beherbergt dieses kleine Gebäude?

noch steht, obwohl es keine Funktion mehr hat. „Und anrührend ist auch, dass es Bremerhavener gibt, denen das Häuschen so am Herzen liegt, dass sie sich für seinen Erhalt stark gemacht haben. Es ist schön, dass es Menschen gibt, die sich um die Relikte aus der Vergangenheit kümmern."

Eva-Maria Bast

So geht's zum Pegelhäuschen:

Es steht direkt an der Kaje zum Alten Vorhafen – etwa Hundert Meter vom Radarturm entfernt.

Eva Erkenberg und Jan Hoheisel spannen ein Seil durch die Reeperbahn.

08

Reeperbahn

Schwere Arbeiter statt leichte Damen

„Jede Hafenstadt braucht eine Reeperbahn", erklärt Eva Erkenberg, breitet die Arme aus und verkündet: „Das hier ist unsere." Sie deutet auf einen schmalen, schnurgeraden Weg, der über den Hans-Scharoun-Platz verläuft. Ähm – ja. Ganz nett. Aber wo ist die Leuchtreklame? Wo sind die leicht bekleideten Damen? Weit und breit nicht zu sehen. Das einzige menschliche Wesen ist ein Jogger, der uns etwas misstrauisch betrachtet, wie wir da unweit des Alten Hafens stehen und die vermeintliche Reeperbahn anstarren.

„Leichte Mädchen gibt's hier nicht", kommentiert Segelmacherin Eva Erkenberg das Augenscheinliche. „Aber eine Reeperbahn hat ihrem Ursprung nach auch nichts mit leichten Mädchen zu tun." Sondern? „Mit Seilern", ergänzt ihr Kollege Jan Hoheisel. „Wobei, nein, das ist nicht korrekt", verbessert er sich. „Auf der Reeperbahn wurde im Mittelalter das Tauwerk geschlagen, also gedreht. Und zwischen Reepschlägern und Seilern gibt es einen großen Unterschied." Hinsichtlich ihrer Waren, aber auch in Bezug auf ihren gesellschaftlichen Stand: Seiler waren eher auf dem Land beheimatet. Sie stellten kleinere Seile für den Hausgebrauch her. Wäscheleinen zum Beispiel, aber auch Peitschen für den Reit- und Fahrbetrieb. Die im Ansehen weit über ihnen stehenden Reepschläger hatten ihre Arbeitsplätze eher in den Hafenorten. Sie fertigten dicke, starke Seile für die Seefahrt.

Was das alles mit der Reeperbahn zu tun hat? „Die Reepschläger brauchten für ihre Arbeit eine lange, gerade Strecke", erklärt Jan Hoheisel. „Auf dieser wurden Seile gedreht. Da am Hafen jede Menge Tauwerk benötigt wurde, lagen die Reeperbahnen meist in Hafennähe, wie auch hier in Bremerhaven."

Auch Bremerhaven hat eine Reeperbahn.

Jeder, der als Kind eine Kordel aus Fäden gedreht hat, kennt das Prinzip: Zunächst müssen die Fäden – in diesem Fall Reepe – nebeneinanderlegen. Kinder machen das häufig, indem sie zwei Stühle gegenüberstellen und mit dem Faden vom einen Stuhl zum anderen gehen. Reepschläger folgten dem gleichen Prinzip – aber im Großen: „Sie gingen mit ihren Reepen die Bahn auf und ab, daher kommt auch der Begriff Reeperbahn", sagt Jan Hoheisel. Die Reepschläger befestigten die Seile an sogenannten Warbeln, Seilgeschirren mit beweglichen Haken. Waren genug Fäden auf die Strecke gebracht, wurde das Seil geschlagen oder gezwirnt.

Ilja Ausner schreibt in einem Aufsatz: „Die Warbeln am Anfang der Seilerbahn wurden von jeweils einem Gehilfen gedreht und zwar in die Richtung, in die auch das Garn gesponnen war (...). Mit Hilfe einer Lehre, die zu Beginn kurz vor den Schlitten gespannt war, wurden die einzelnen Stränge auseinander gehalten. War genügend Spannung auf den Strängen, wurde die Lehre langsam auf das Geschirr zu bewegt und die Stränge vereinigten sich dahinter zum Seil." Anschließend hätten die Reepschläger die Oberfläche mit Teer oder Weizenstärke eingerieben, um das Seil vor Feuchtigkeit zu schützen.

„Sie brauchten für ihre Arbeit eine lange, gerade Strecke."

Die Reepschlägerei gab es, wie Ilja Ausner schreibt, „als eigenes Handwerk, seitdem Kriegs- und Handelsschiffe in größerer Zahl die Meere befahren." Die ältesten Hinweise auf das Seilerhandwerk seien Personennamen: „Zwischen 1150 und 1180 lebte z.B. ein Erwin Selemechere in Köln. Ab dem 13. Jh. finden sich viele weitere Nachweise von Reepern und Seilern in Namen oder Berufsbezeichnungen."

Was die Reepschläger wohl gesagt hätten, hätten sie gewusst, dass sich auf der Hamburger Reeperbahn im 17. Jahrhundert das als sündigste Meile der Welt bekannte Stadtviertel entwickelte? Je nach persönlicher Prägung hätten die Reaktionen vermutlich von verlegenem Erröten bis hin zu echter Begeisterung gereicht. Und wer weiß, ob der ein oder andere Reepschläger nicht durchaus auch Gesellschaft von einer leicht bekleideten Dame hatte, während er seine Bahn auf- und abging? Wenn auch nicht in natura, sondern nur in der Fantasie, versteht sich.

Eva-Maria Bast

So geht's zur Reeperbahn:

Die gerade, kurze Allee führt über den Hans-Scharoun-Platz vor dem Deutschen Schiffahrtsmuseum.

Schiefe Häuser

Ganz schön schräg

Nein, auch ein konzentrierter zweiter Blick ändert nichts: Dieses Haus steht definitiv schief! Und das dort drüben auch. Gar nicht auszudenken, was passieren würde, wenn diese beiden Häuser sich nicht aneinander lehnen würden. Heiko Janßen, engagierter Vorsitzender der Eigentümerstandortgemeinschaft Lehe, hat sich längst an den Anblick im Bremerhavener Ortsteil Goethestraße gewöhnt. „Viele Häuser hier sind zwischen einem und vier Grad geneigt“, sagt er wissend und fügt mit einem Augenzwinkern an: „Genau so schräg steht auch der schiefe Turm von Pisa.“

Die Gründe für die heutige Schieflage der historischen Häuser im Quartier liegen unter der Erde und mehr als ein Jahrhundert in der Vergangenheit. „Das alte Lehe profitierte im 19. Jahrhundert von der enormen Aufbruchsstimmung und wirtschaftlichen Entwicklung an der Geestemündung“, spannt Janßen den Bogen. 1827 entstand in direkter Nachbarschaft Bremerhaven, 1845 bis 1847 das hannoversche Geestemünde. Mit der Expansion dieser Hafen- und Stadtflächen etablierte sich der Schiffsbau. Firmen wie Lange und Wencke (siehe Geheimnis 13), Rickmers, Abegg-Tecklenborg, Schau & Oltmanns, Ulrichs, Seebeck und die aus der Delphin-Werft entstandene Schiffbaugesellschaft Unterweser prägten mit ihren Helgen, Werfthallen und Trockendocks das Gesicht der Geestemündung bis nach Lehe.

„Diese vielen Tausend Arbeiter der Hafenbetriebe, Werften und Fabriken brauchten dringend Wohnraum“, erzählt Janßen. 1827, als Bremerhaven gegründet wurde, wohnten nur 1600 Einwohner in Lehe. Knapp 100 Jahre später, 1924, waren es bereits 41.000 – ein Wachstum von mehr als 2400 Prozent. Das Dorf Lehe wurde zur Arbeiterstadt Lehe. „Im Zuge dieser Entwicklung war zwischen 1880 und 1914 auch das Viertel Goethestraße an der Grenze zu Bremerhaven gebaut worden“, sagt Janßen.

Für Heiko Janßen gehören die schiefen Häuser fest zu seinem Viertel.

Auf dem Foto ist die Schieflage zu erkennen. Noch beeindruckender ist es allerdings, wenn man direkt vor den Häusern steht.

In Bezug auf den Baugrund konnten die Leher dabei nicht wählerisch sein. Nur der mittelalterliche Siedlungskern Lehes liegt auf dem dem guten und festen Grund des Geestrückens Hohe Lieth, einer Ablagerung eiszeitlicher Gletscher. „Dieser neuere Teil Lehes aber hat einen weichen Boden aus Klei, Moor und Schlamm, der bei Überflutungen hier angeschwemmt wurde. Erst in mehr als 25 Metern Tiefe beginnt tragfähiger, eiszeitlicher Grund", führt Janßen aus. Wer hier bauen wollte, musste also Gründungspfähle bis zum festen Boden treiben. „Dieser Teil Lehes steht sozusagen auf einem Wald von Hunderten Holzstämmen", veranschaulicht er.

So beeindruckend die Häuser und ihre gründerzeitlichen Fassaden im Ortsteil Goethestraße auch sind, beim Fundament ließen die Bauherren damals die nötige Sorgfalt vermissen. „Die Holzpfähle waren oft nicht lang genug, sodass sie letztlich nur durch die Kleischichten getrieben wurden und nie festen Grund erreichten", erklärt Janßen. Stellenweise macht den Pfählen auch der wechselnde Grundwasserspiegel in ihrem Kopfbereich zu schaffen: „Stets feuchtes Holz hält praktisch ewig, wechselnd feuchtes und trockenes Holz allerdings modert." Einige Eigentümer hätten die Lage im Laufe der vergangenen Jahrzehnte noch verschlimmert, indem sie ihre Keller trocken pumpten, merkt Janßen an. Die unvermeidliche Folge des Ganzen: Die Pfähle boten mit der Zeit keinen Halt mehr, der Grund gab stellenweise nach, die Häuser neigten sich.

„Einsturzgefahr besteht aber nicht. Trotz der Schieflage sind die Gebäude durchgängig bis heute bewohnt. Die Menschen haben sich und ihr Inventar längst an die Gegebenheiten angepasst", weiß Janßen zu berichten. Neuere Einbauten wie Türen und Fenster seien meist individuelle Maßarbeit und genauestens an die jeweilige Schräge angepasst. Und wie sieht es bei Neubauten aus? „Inzwischen hat die Bauwirtschaft natürlich Fortschritte gemacht. Pfahlgründungen werden nach fundierten Bodengutachten bemessen", betont Heiko Janßen. „Schiefe Häuser werden wir in Lehe zukünftig nicht mehr bauen." Aber die Häuser, die schon stabil und schief dastehen, möchte er trotzdem nicht missen: „Sie verleihen unserem Viertel nur noch mehr Charme."

„Dieser Teil Lehes steht sozusagen auf einem Wald von hunderten Holzpfählen."

Marc-Alexander Wagner

So geht's zu den schiefen Häusern:

Im gesamten Ortsteil Lehe-Goethestraße sind schiefe Häuser zu finden. Deutlichstes Beispiel ist das Haus Uhlandstraße 18 an der Ecke von Goethestraße und Uhlandstraße.

Der besten Mutter / von ihrem dankbaren Sohn / gewidmet.

10

Grabdenkmal

Ein Denkmal für die beste Mutter

Was muss das für eine Frau gewesen sein! Und vor allem: Was für eine liebevolle Mutter: Neben der Dionysiuskirche in Lehe steht ein auffälliger Grabstein, eher schon ein Denkmal. Die Inschrift befindet sich auf allen vier Seiten des Sockels, auf dem sich eine Säule erhebt. Sie lautet: *Catharina Bohlen / Sie starb den 21. Juli 1807 / im Alter von 82 Jahren.* Die nächste Seite: *Ihr Leben war Aussaat / für Recht und Pflicht.* / Dann: *Der besten Mutter / von ihrem dankbaren Sohn.* / Und schließlich: *Ihr Staub ruhet / auf der Hoffnung.*

Das macht neugierig. Man möchte mehr über diese zu Beginn des 19. Jahrhunderts verstorbene Frau erfahren, deren Leben „Aussaat für Recht und Pflicht“ und die obendrein noch die beste Mutter war – wobei das sicherlich viele Söhne und Töchter von ihrer Mutter behaupten. „Catharina Bohlen stammte aus einer Bauernfamilie“, weiß Heiko

Ricken, der sich bestens mit der Geschichte der Familie Bohlen auskennt, zu berichten. „Sie war eine gebürtige Lührs aus Geestendorf. Sie heiratete Hinrich Bohlen, welcher ebenfalls Bauer war, zog nach Schiffdorf auf den Bohlenort, wie die Hofstelle hieß, und bekam vier Söhne, von denen zwei nach Amerika auswanderten." Bei der Recherche finden sich noch weitere Angaben zu Catharina Bohlen – wenn auch nicht viele: Sie ist die Stammmutter der großen deutschen Unternehmerfamilie Krupp von Bohlen und Halbach, wobei Catharina weder das „von", noch das „Halbach", noch das „Krupp" erlebte – sie starb lange bevor der Familiennamen so umfangreich und die Familie so berühmt wurde.

Und so geht die Geschichte des langen Namens, der in Schiffdorf begann – und dessen Stammbaum von so beachtlichem Ausmaß ist, dass sich eine stattliche Auflistung von Namen und Daten nicht vermeiden lässt: Catharina war die Großmutter der Caroline Mathilde Bohlen (1800-1882), die den Diplomaten und Königlich Preußischen Generalkonsuls Arnold Halbach (1787–1869) heiratete. Deren Tochter Mathilde (1823–1848) gab im Jahr 1841 Graf Leopold Otto von Wartensleben (1818–1846) das Ja-Wort: Ihre Ururenkelin ist Beatrix, die von 1980–2013 Königin der Niederlande war. Mathildes Bruder, Gustav Halbach (1831-1890), kam auch in illustre Kreise und wurde Hofzeremonienmeister in Diensten des Großherzogs von Baden.

Grabstein für die liebende Mutter Katharina Bohlen.

Und er war es auch, der am 20. April 1868 die Namensvereinigung Bohlen-Halbach bekam und 1871 geadelt wurde: Nun war der Familienname von Bohlen und Halbach entstanden, der später so berühmt werden würde. Doch er sollte noch länger werden: Der fünfte Sohn aus der Ehe, Gustav von Bohlen und Halbach (1870–1950), heiratete 1906 Bertha Krupp (1886–1957). Und diese war die (älteste) Tochter des Industriellen Friedrich Alfred Krupp (1854–1902). Nun war aus dem einfachen Schiffdorfer Bohlen-Familiennamen der lange und klangvolle Name Krupp von Bohlen und Halbach geworden.

So viel zum berühmteren und jüngeren Teil der Familie. Doch zurück nach Schiffdorf. Dort gab es im 17. Jahrhundert mehrere Bohlen-Familien. Der Urvater der späteren Krupp von Bohlen und Hallbach-Dynastie war Bohl Bohlen, der im Alter von 20 Jahren nach Amsterdam zu Verwandten auswanderte. Die dortige Familie hatte ebenfalls Schiffdorfer Wurzeln, hatte das Dorf aber bereits im Dreißigjährigen Krieg verlassen. Bohl Bohlen war es auch, der 1811, vier Jahre nach dem Tod seiner Mutter, die Grabstele auf dem Kirchhof in Lehe errichten ließ. Bohlen blieb acht Jahre in Amsterdam, dann zog er weiter nach Philadelphia und gründete in den Vereinigten Staaten ein Importunternehmen für Waren aus Deutschland. Seine Tochter Caroline heiratete 1822 Arnold Halbach.

„Es ist den meisten Einwohnern nicht mehr bekannt, dass der erste Begräbnisplatz Lehes der Hof der Dionysiuskirche gewesen ist.“

Über Catharina Bohlen ist hingegen weniger bekannt – außer, dass sie eine großartige Mutter gewesen sein muss, wie es auf ihrem Grabstein in Stein gemeißelt steht. Und in den Kirchenbüchern findet sich die Mitteilung, dass sie bei ihrem Tod Witwe war und „am Schlage“ starb, als sie 82 Jahre und zwei Monate alt war. Für ihr Grabmal ist eine außergewöhnliche Geschichte belegt: Es musste umziehen – vom Kirchhof auf den Leher Friedhof. „Dies geschah“, erzählt Heiko Ricken, „weil eine Cousine von Catharina, bei der die hochbetagte Dame ihren Lebensabend verbracht hatte, die Stele gerne auf ihrem Familiengrab haben wollte.“ 1917 schlossen sich namhafte Leher Bürger, wie Lehrer Schröder, Apotheker Ranke und Buchhändler Brüning, zusammen, um einen Bittbrief an den Magistrat zu schreiben. Sie ersuchten darum, die Grabstele wieder auf dem ehemaligen Kirchhof aufzustellen.

„Es ist den meisten Einwohnern nicht mehr bekannt, dass der erste Begräbnisplatz Lehes der Hof der Dionysiuskirche gewesen ist. Von der ersten christlichen Zeit bis zum Jahre 1826, also etwa 1000 Jahre hindurch, sind fast sämtliche Leher Einwohner hier zur letzten Ruhe in die Gruft gesenkt“, gaben die Verfasser des Schreibens zu bedenken. „Hier schlafen die alten Leher, die uns erzählen können von der Einführung des Christentums, vom Bau der Kirche und der Deiche, von dem ewigen Kampf mit dem Meer und den Menschen, von der Not, die das Wetter und die Krankheit gebracht, wie das Feuer ihnen Hab und Gut verschlungen." Die „Denkmale, die uns ihre Namen künden", seien bedauerlicherweise entfernt und anderweitig verwendet worden, als der neue Friedhof angelegt und „die Gräber des alten Kirchhofs geebnet worden sind".

Man habe jedoch den „dringenden Wunsch" und halte es „für unsere heilige Pflicht, diese ernste Erinnerungsstätte treu zu bewahren und auch als solche zu kennzeichnen". Es ergebe sich die allerbeste Gelegenheit, mit dem Aufstellen eines Gedenksteins wieder darauf hinzuweisen, dass es sich einst um einen Kirchhof handelte, „weil wir noch einen Denkstein entdeckt haben, der einst sicher hier gestanden hat." Es handle sich bei der Bestatteten um die Urgroßmutter des Gesandten Krupp von Bohlen und Halbach in Essen. Dieser habe den Stein „nach seiner Auffindung (...) nach Schiffdorf, der Begräbnisstätte ihres Ehemannes Hinrich Bohlen, hat wollen schaffen lassen, aber jetzt auch unseren Plan, ihn auf seiner ursprünglichen Stelle wieder aufzustellen, für gerechtfertigt hält." Der Magistrat kam der Bitte der Leher Bürger nach.

Und so steht er hier nun neben der Kirche, der hohe Gedenkstein für Catharina Bohlen, *der besten Mutter*, die, als sie bestattet wurde, noch nicht ahnen konnte, welche Bekanntheit ihre Familie einmal erlangen würde.

Eva-Maria Bast

So geht's zum Grabdenkmal:

Die Dionysiuskirche steht in Bremerhaven-Lehe in der Friedhofstraße 1a. Das Grabdenkmal findet man, wenn man rechts an der Kirche vorbeigeht.

Arnold Plesse kommt oft hierher, um der Opfer zu gedenken, die die Nationalsozialisten auf dem Gespensterschiff gefoltert haben.

11

Gespensterschiff-Tafel

Die Schreie der Nazi-Opfer

Arnold Plesse ist ein Mann, der sich bestens in der Geschichte von Bremerhaven und dem Cuxland auskennt. Es gibt viele Ereignisse im Zeitverlauf, die ihn heute noch schwer erschüttern, die ihn bewegen. Doch diese Geschichte treibt ihn besonders um. Es ist die eines Schiffs, auf dem im Dritten Reich gefoltert wurde. Eines Schiffs, das im Volksmund Gespensterschiff genannt wird, weil die Einheimischen die Schreie der Gequälten hörten. Ganze fünf Monate, von Mai bis Oktober 1933 dauerten die Qualen der politischen Gegner der Nationalsozialisten, die im wahrsten Sinne des Wortes niedergeknüppelt wurden – vornehmlich handelte es sich um KPD-Mitglieder. „Die Menschen, die man auf dieses Schiff brachte, waren die besonders tapferen", bemerkt Arnold Plesse. Hierher wurden jene verschleppt, die zuvor schon in den Gefängnissen von der Polizei vernommen worden waren, aber schwiegen oder sich nach wie vor in Widerstand übten. Sie wurden brutal gefoltert, um vermeintliche Geständnisse zu erpressen, um an mögliche Informationen über weitere Kommunisten oder an mutmaßliche Anschlagspläne zu gelangen. SA-Männer schlugen sie mit Gummiknüppeln und Stahlruten, man drosch mit Holzleisten auf sie ein, die mit Nägeln gespickt waren. Und weil die Bevölkerung dann eben ob der Schreie protestierte, presste man den Gefangenen Kissen vors Gesicht, erzählt Plesse betroffen. „Ab Oktober wurden sie in die Konzentrationslager Neuengamme, Sachsenhausen und Dachau gebracht."

„Grundlage" für die Misshandlungen war ein Erlass des kommissarischen preußischen Innenministers Hermann Göring (1893-1946), der die Polizei am 17. Februar 1933 dazu aufforderte, wenn nötig, rücksichtslos von der Waffe Gebrauch zu machen." Göring erklärte, wer „in Ausübung dieser Pflichten von der Schusswaffe Gebrauch mache(n)" werde von ihm gedeckt, „wer hingegen in falscher Rücksichtnahme versagt, hat dienstrechtliche Folgen zu gegenwärtigen". Gerade mal fünf Tage später setzte er Schutzstaffel (SS) und Sturmabteilung (SA) und Stahlhelm als Hilfspolizei ein, um den politischen Gegnern zu Leibe zu rücken. Wieder fünf Tage später, am 27. Februar 1933, brannte der Reichstag. Noch in derselben Nacht begannen Hetzjagden der SA und der SS auf die angeblich schuldigen Kommunisten, Sozialdemokraten und Intellektuellen. Etliche wurden verhaftet, manch anderen dagegen gelang die Flucht.

„Ab Oktober wurden die Gefangengen vom Schiff in die Konzentrationslager Neuengamme, Sachsenhausen und Dachau gebracht."

Seit die Nationalsozialisten 1933 die Macht übernommen hatten, wurden auch in Bremerhaven Kommunisten, oder wer dafür gehalten wurde, verhaftet – für viele Nationalsozialisten dürfte es

Eine Tafel erinnert an die Schicksale der Menschen, die hier an Bord eines Folterschiffs gebracht wurden.

eine genussvolle, persönliche Rache gewesen sein, hatten die KPD-Mitglieder in den Vorjahren doch manch einen nationalsozialistisch Gesinnten in der Stadtverordnetenversammlung aus deren Sicht lächerlich gemacht. Im Frühjahr 1933 verfügte Göring, dass politische Gefangene an die SA und SS zur Vernehmung übergeben werden sollten, wenn die Kriminalpolizei nicht weiterkäme. „Hitler hat ein sogenanntes Rollkommando eingeführt, das angewiesen war, in möglichst kurzer Zeit möglichst viele Kommunisten zu verhaften und die Aussagen nötigenfalls zu erzwingen", sagt Plesse. Wie beispielsweise auf dem Gespensterschiff im Hafen durch Folter. Wie viele Menschen auf dem Gespensterschiff misshandelt wurden, sei bis heute unklar. „Es müssen aber mehrere Hundert Personen gewesen sein."

In den Befragungen im Auftrag des Nazi-Regimes dürfte es auch darum gegangen sein, herauszufinden, wo sich FolkertPotrykus aufhält. Die Nazis suchten den untergetauchten Redakteur der Kommunistischen Arbeiterzeitung Bremen wegen Hochverrats und weil sie vermuteten, er sei beauftragt, die kommunistische Partei im Norden Deutschlands neu zu organisieren. Außerdem: Er machte die Misshandlungen durch die Nationalsozialisten öffentlich.

Das Schiff, das als Folterkammer vor Bremerhaven lag, gibt es nicht mehr: Es wurde bei einem Luftangriff am 24. Oktober 1944 versenkt. Nach dem Zweiten Weltkrieg sorgten die Alliierten dafür, dass gegen die Folterer – elf SA-Männer – ermittelt wurde, im Herbst 1948 standen sie vor Gericht. Die Nordsee-Zeitung berichtete ausführlich von den Prozessen, in denen auch ehemalige Gefangene und Folteropfer als Zeugen aussagten. „Ich habe wie ein wildes Tier geschrien", lautete eine Überschrift; „Zeugin wurde mit Reitpeitsche geschlagen", eine weitere. „Nackend und mit Ketten gefesselt", eine dritte und „Bestialisch zugerichtet" schließlich eine vierte. Die Urteile und das Strafmaß fielen unterschiedlich aus: von einem Jahr Gefängnis bis zu zehn Jahren Zuchthaus.

Damit die Folteropfer und ihre Schicksale nicht in Vergessenheit geraten, wurde im Mai 1991 etwa an der Stelle, an der das Schiff gelegen hatte, eine Tafel angebracht. „Doch die", sagt Arnold Plesse, „bemerkt kaum jemand. Sie ist zu versteckt und zu unauffällig. Mir ist es aber sehr wichtig, dass diese Geschichte nicht vergessen wird."

Eva-Maria Bast

So geht's zur Gespensterschiff-Tafel:

Sie befindet sich am Maschinenhaus der Klappbrücke, die den Alten Hafen mit dem Neuen Hafen verbindet.

Jens Grotelüschen schaut vom dicht bewachsenen Ringwall aus nach dem Rechten.

12

Holzschuppen

Achtung, Explosionsgefahr!

Unzählige Menschen spazieren einfach so vorbei. Ihnen fällt nicht auf, dass dort hinter diesem hohen, dicht bewachsenen Erdwall der Giebel eines hölzernen Bauwerks durchs wuchernde Grün von Bäumen und Hecken schimmert. Zugegeben: Vom Wegesrand ist der Pulverschuppen am Rande des Speckenbütteler Parks auch nur dann auszumachen, wenn man gezielt danach Ausschau hält. „Über viele Jahre waren das Pulvermagazin aus dem 19. Jahrhundert und seine historische Bedeutung sogar völlig aus dem Gedächtnis der Öffentlichkeit verschwunden", erzählt Jens Grotelüschen. „So unscheinbar der Schuppen auch wirkt, er steht für die lange Marine-Tradition unserer Stadt." Der Verein Maritimer Denkmalschutz, dessen Vorsitz Grotelüschen führt, hatte erheblichen Anteil daran, dass dieses historische Zeugnis der frühen Stadtgeschichte in den 90er-Jahren aus seinem Dornröschenschlaf erwacht ist.

Wer einen besseren Blick auf das Gebäude erhaschen will, muss die schmale Öffnung in dem ringförmigen Erdwall finden, die heute leider durch ein Tor verschlossen ist, oder über eine der beiden Treppen auf den begehbaren Wall steigen. Das eröffnet die unverstellte Sicht auf den Pulverschuppen – ein schlichtes, 20 Meter langes und elf Meter breites Holzgebäude im Stil einer Scheune, das auf einem gemauerten Sockel steht. „Auf den ersten Blick macht das Gebäude nicht viel her. Man muss schon seine Geschichte kennen, um die Bedeutung zu verstehen", räumt Grotelüschen ein.

Die schlichte, leichte Holzbauweise hatte System: Schließlich konnte eine Explosion des Schießpulvers nie ausgeschlossen werden.

Entstanden ist das Pulverlager in den ersten Jahren des Deutschen Kaiserreichs (1871-1918). Die Königlich Preußische Fortifikation Geestemünde (das Königreich Preußen war ein Bundesstaat des Deutschen Reichs) hatte es 1874 als Munitions- und Schießpulver-Lager für die Geschützfestungen an der Wesermündung angelegt. Vor allem die Batterie Brinkamahof der Kaiserlichen Marine belieferte man von hier aus mit Munition. „Der Pulverschuppen wurde für Friedenszeiten konzipiert. Darum war die starke Befestigung nicht so wichtig wie der Schutz der Bevölkerung. Hier wurde schließlich hochexplosives Material gelagert", erläutert der Heimatkundler. So errichtete man den Holzbau hier in der Leher Feldmark, fernab jeglicher Wohnbebauung.

Auch die schlichte, hölzerne Bauweise auf steinernem Sockel dient dem Schutz. „Für den Fall einer Munitionsexplosion sollte sich die Druckwelle nach oben durch das dünne Dach ausdehnen", beschreibt er. „Die Umgebung wurde zusätzlich durch den umlaufenden Erdwall geschützt." Für zusätzliche Sicherheit sorgten noch ein Wassergraben, eine Einzäunung und Wächter, die in einem ebenfalls noch erhaltenen Haus an der heutigen Wurster Straße stationiert waren.

Wie lange der Schuppen als Munitionsdepot diente, ist nicht mehr bekannt. Nach dem Zweiten Weltkrieg vermietete die Stadtverwaltung das Pulvermagazin zunächst an einen Händler, der es als Warenlager nutzte. „Im Lauf der Zeit wurde der Schuppen zum Wohngebäude umgebaut und durch zahlreiche Anbauten bis zur Unkenntlichkeit verändert", berichtet Jens Grotelüschen. „Seine historische Bedeutung geriet vollends in Vergessenheit." Ohne die Vermietung an Privatleute wäre das Gebäude allerdings wohl schon früher abgerissen worden, vermutet der Stadtkenner.

„Für den Fall einer Munitionsexplosion sollte sich die Druckwelle nach oben durch das dünne Dach ausdehnen."

1990, als das Wohnrecht in dem Holzschuppen im Speckenbütteler Park aufgehoben wurde, ist dessen ursprünglicher Zweck zum Glück rechtzeitig wiederentdeckt worden. Nicht zuletzt auf Initiative des Fördervereins Maritimer Denkmalschutz konnte der alte Pulverschuppen der Kaiserlichen Marine gerettet werden. Seit 2008 präsentiert er sich wieder weitgehend im Originalzustand ohne die zahlreichen privaten Anbauten. Seit 2010 ist das Pulvermagazin auch als Kulturdenkmal geschützt. Es wäre wirklich ein Jammer gewesen, wäre dieses Stück Geschichte der Abrissbirne zum Opfer gefallen – nachdem es so viele Jahrzehnte Explosionsgefahr überstanden hat.

Marc-Alexander Wagner

So geht's zum Holzschuppen:

Von der Wurster Straße in den Siebenbergensweg im Speckenbütteler Park einbiegen. Nach rund 250 Metern liegt der Pulverschuppen hinter einem Erdwall verborgen auf der rechten Seite.

Der Schriftzug erinnert an die einstige Bestimmung des Gemäuers.

Trockendock

13

Aufstieg und Untergang zweier Werften

Da steht doch was geschrieben! Wenn man vor dem Historischen Museum steht und auf die andere Seite der Geeste hinüberblickt, kann man es auf dem alten Stück Mauer ganz deutlich erkennen: *F. W. Wencke's Dock. Erbaut im Jahre 1860. A. Rosenthal* ist dort zu lesen. „Der Schriftzug erinnert an die Wencke-Werft, die sich damals hier befand, und an die Bestimmung dieser Mauern", erklärt Stadtführerin Katharina Rosen und lüftet das Geheimnis.

„Die Mauern mit der Inschrift gehörten im 18. Jahrhundert zu einem Trockendock. Wie der Name schon sagt, wurden in Trockendocks Schiffe trockengelegt, um den Schiffsrumpf reparieren zu können", erklärt Katharina Rosen. „Im Dock gab es zwei Kammern, die durch ein Sperrtor wasserdicht verriegelt werden konnten, wodurch der Wasserpegel innerhalb des Trockendocks absinkt, ohne dass neues Wasser nachfließt." Trockendocks sind übrigens schon seit der Antike bekannt. Und das erste deutsche gab es seit 1837 – in Bremerhaven.

Allerdings kann nicht Friedrich Wilhelm Wencke (1806-1859), sondern sein Nachbar Johann Lange (1775-1844) sich der Ehre rühmen, das erste deutsche Trockendock erbaut zu haben. Es war wohl Wenckes Schicksal, immer einen Tick später dran zu sein als sein Kollege: Im Jahr 1833 ersuchen sowohl Friedrich Wilhelm Wencke (1806-1859) als auch Johann Lange (1775-1844) bei der Stadt darum, in Bremerhaven je einen Betrieb eröffnen zu dürfen. Beide sind Schiffbaumeister – Lange nennt bereits seit 1805 eine Werft in der Aue in Bremen sein Eigen, die Bremerhavener Werft wäre für ihn vor allem Reparaturbetrieb. Lange und Wencke kommen beide von der Unterweser, und beider Anliegen wird entsprochen – so werden die Schiffsbaumeister zwangsläufig Nachbarn: „Die Stadt verpachtete ihnen nebeneinanderliegende Flächen am rechten Geesteufer", erzählt Katharina Rosen. Lange pachtet sein Werftgelände bereits im August 1833, Wencke erst einen Monat später. Während sich Lange in Bremerhaven der Reparatur großer Schiffe widmet und durch den zunehmenden Passagier- und Frachtverkehr des Norddeutschen Lloyd großen Erfolg hat, konzentriert sich Wencke auf den Neubau von Schiffen. Lange errichtet schließlich das erste Trockendock, Wencke folgt Mitte der 1840er-Jahre. Dann vergrößert Carl Lange das Doppeltrockendock aufgrund des steigenden Bedarfs und lässt ein weiteres bauen, das 1865 eingeweiht wird. Auch bei Wencke gehen die Geschäfte gut: Schon ein Jahr nach Gründung seiner Werft läuft 1834 das erste in Bremerhaven gebaute Seeschiff vom Stapel: die Wilhelm Ludwig. Und auch Wencke lässt sein Trockendock 1849 und nochmals 1856 erweitern, nachdem er das bisher gepachtete Grundstück gekauft hat. Bis zur Mitte der 1860er-Jahre wird er 27 Schiffe gebaut haben. Bevor das vergrößerte Trockendock eingeweiht wird, stirbt er allerdings – am 10. März 1859.

„Die Stadt vermietete beiden Konkurrenten nebeneinanderliegende Flächen am rechten Geesteufer."

Die Werft wird noch knappe 50 Jahre weitergeführt – hier wird 1885 mit der Sagitta der erste deutsche Fischdampfer gebaut, es folgen weitere. Doch wie der Lange-Werft setzt auch Wencke der neu aufkommende Stahlschiffbau schwer zu. 1895 wird die Lange-, 1900 (manchen Quellen zufolge 1901) die Wencke-Werft durch den Konkurrenten Georg Seebeck (1845-1928) übernommen. Dessen Unternehmen ist schlichtweg riesig: Am Fischereihafen baut er 1906 bis 1910 eine neue Werft. Als Seebeck 1920 Ehrenbürger wird, arbeiten dort etwa 2200 Mitarbeiter. Bis zu seinem Tod verlassen 468 Schiffe die Seebeck-Werft.

Im Zweiten Weltkrieg, sagt Katharina Rosen, wurde das Dock teilweise zerstört und verschwand dann mitsamt zweier Schiffe unter Trümmerschutt. „Und geriet fast in Vergessenheit. 1978 jedoch wurde es als einzige noch erhaltene Anlage seiner Art unter Denkmalschutz gestellt und 2013 schließlich umfassend saniert.“ Dass sich sogar der alte Schriftzug an der Ziegel- und Muschelmauer befindet, ist für Katharina Rosen besonders faszinierend. Was man durchaus nachvollziehen kann.

Eva-Maria Bast

So geht's zum Trockendock:

Man kann die Reste des Trockendocks, samt Schriftzug an der Mauer, besonders gut sehen, wenn man vor dem Historischen Museum steht und über die Geeste hinüberblickt.

Grabstätte
des heilig
Dionysius.

Dionysius-Grabstein

Zwischen Fremden bestattet

Und plötzlich ein Grabstein. Mitten im Ortsteil Klushof, zwischen gewöhnlichen Wohnhäusern. Einfach so am Straßenrand. Damit rechnet wohl kein Spaziergänger, der die Dionysiusstraße entlanggeht. Die Verwunderung wächst aber noch, wenn man den gut einen Meter hohen Grabstein, der von einer hübschen, gepflegten grünen Hecke eingerahmt wird, näher begutachtet. *Grabstätte des heilig. Dionysius* steht als Inschrift darauf.

Wie kommt dieses Grab nach Lehe? Ist es möglich, dass der Heilige sein Ende hier an der Mündung der Weser fand? Mit weitaus größerer Berechtigung nimmt ihn doch schon die französische Hauptstadt Paris für sich in Anspruch. So viel ist laut Überlieferung gewiss: Dionysius lebte im 3. Jahrhundert, war Missionar in Gallien und erster Bischof von Lutetia, dem späteren Paris. Als solcher starb er den Märtyrertod, als ihn die römischen Machthaber enthaupteten. Über seinem Grab in Paris steht heute die bedeutende Kirche, die nach der französischen Schreibweise seines Namens St. Denis heißt. Bis zum heutigen Tag wird der Heilige Dionysius in der katholischen Kirche als einer der 14 Nothelfer verehrt.

Auch für die Leher hatte der Heilige Dionysius große Bedeutung. Eine norddeutsche Sage, die in mehreren Abwandlungen überliefert ist, verfrachtet ihn kurzerhand an die Wesermündung und ins 8. Jahrhundert, als Karl der Große (747/748–814) von 772 bis 804 seine Kriege gegen die heidnischen Sachsen führte. Deren Anführer, Herzog Wittekind, soll damals blutige Rache geübt haben an allen christlichen Missionaren in der Region. Ein Herr Hauptschullehrer Knöner zu Lehe beschreibt 1856 in dem Sammelband „Alterthümer, Geschichten und Sagen der Herzogthümer Bremen und Verden" das Schicksal des Heiligen folgendermaßen: „Dieses Loos traf auch den Friedensboten, der hier in der Capelle auf dem Klushof lehrte. Es war

Zwischen gewöhnlichen Wohnhäusern am Straßenrand der Dionysiusstraße markiert der Grabstein die Ruhestätte des Heiligen Dionysius.

der heilige Dionysius aus Frankreich." Der weitere Verlauf ist an das angelehnt, was auch aus Frankreich von St. Denis überliefert wird. Um mit seinem Tod die Wahrhaftigkeit des Christentums zu bezeugen, kündigt Dionysius an, selbst mit abgeschlagenem Kopf weiter zu laufen, bis zu der Stelle, an der man ihn begraben solle. „Dieses Wunder reizte seine rohen Mörder gar zu sehr, als daß sie ihm das Leben gelassen hätten", schreibt Knöner 1856. „Sie gingen die Bedingung ein, schlugen ihm den Kopf ab, gaben ihm denselben unter seinen linken Arm und der Enthauptete lief mit ihm von dem Klushof gegen den Büttel bis zu der Stelle, wo man noch jedem Fremden sein Grab zeigt, der es sehen will."

„Dieses Wunder reizte seine rohen Mörder gar zu sehr, als dass sie ihm das Leben gelassen hätten."

Dieser Klushof, der heute dem ganzen Leher Ortsteil seinen Namen gibt, war Überlieferungen zufolge Heimstatt des ersten christlichen Gotteshauses in der Gegend, der Kapelle des Heiligen Kreuzes. Es ist wohl auch diese „Capelle", in der laut Sage Dionysius im 8. Jahrhundert gewirkt haben soll. Seit der Frühen Neuzeit, die Kapelle war längst verfallen, war mit dem Klushof ein Armen- und Fremdenfriedhof gemeint. Bestattet wurden dort unter anderem Seefahrer oder Zugezogene ohne familiäre Bindungen im Ort. Der Friedhof lag zwischen der Dionysiusstraße im Westen und der Stresemannstraße im Osten etwa im Bereich der heutigen Auguststraße.

Es ist dieser Fremdenfriedhof, der uns auf die Spur dessen führt, was den Heiligen Dionysius tatsächlich nach Lehe brachte. Auch diese Geschichte beginnt mit Karl dem Großen, der im Jahre 804 letztlich siegreich war und den Sachsen kirchliche Ordnung und christlichen Glauben aufzwang. Er stattete die neuen Kirchen mit Reliquien ihrer Patrone aus. Es gibt heute in Bremerhaven und in der direkten Nachbarschaft gleich drei St.-Dionysius-Kirchen in Debstedt, in Wulsdorf und in der Nähe des Grabsteins in Lehe. Welche davon auf König Karl zurückgeht, lässt sich nicht mehr mit Gewissheit feststellen. Als König des Frankenreichs hatte dieser jedenfalls Zugriff auf die Gebeine des Heiligen Dionysius in Paris und konnte auch der hiesigen Kirche davon abgeben.

Als im 16. Jahrhundert die Reformation auch Lehe erreichte, konvertierten die Bürger vom katholischen zum protestantischen Bekenntnis. Für Reliquien hatten sie von da an keine Verwendung mehr. Die Leher ließen aber dennoch Anstand und Pietät walten: Sie bestatteten die Gebeine des Heiligen Dionysius, jenem Mann aus dem Nachbarland, naturgemäß auf dem Fremdenfriedhof Klushof. In der Mitte des 19. Jahrhunderts – der Friedhof war längst Vergangenheit – bot sich dem Herrn Hauptschullehrer Knöner dort folgender Anblick: „Von einem Grabe ist hier freilich nichts zu sehen; früher hat da aber ein aufgeworfener Hügel gelegen mit einem darauf stehenden Kreuze, jetzt ist es ein Rasenplatz, ein paar Ruthen groß, am östlichen Ende eines Stückes Ackerland, dessen Besitzer sich aber wohl zu hüten hat, diesem Platze mit dem Pfluge zu nahe zu kommen." Erst Jahrzehnte später, 1887, wurde der Grabstein in der heutigen Dionysiusstraße aufgestellt, an jener ungefähren Stelle, an der wohl die Gebeine des Heiligen Dionysius ruhen – und mit ihm viele Jahrhunderte Leher Geschichte.

Am Rande einer ganz normalen Wohnstraße in Lehe steht der Dionysius-Grabstein.

Marc-Alexander Wagner

So geht's zum Dionysius-Grabstein:

Der Gedenkstein steht direkt an der Hausnummer 20 in der Dionysiusstraße.

Baulücke

Der verschwundene Fluss

Die Natur hat sich mit urgewaltiger Macht eine Schneise geschlagen durch das dichte Häusermeer Lehes. So wirkt es wenigstens, wenn man in der Potsdamer Straße zwischen Eupener und Lutherstraße steht. Scheinbar unberührtes Grün, hochgewachsene Bäume und dichtes Buschwerk erstrecken sich entlang des Straßenrands quer durch die Hinterhöfe. So viel steht fest: Hier verbirgt sich mehr als nur eine gewöhnliche Baulücke. „Vor 50 Jahren wären wir an dieser Stelle noch in einem Flussbett gestanden", klärt Heiko Janßen auf. Und zwar in dem des kleinen Flüsschens namens Aue, das heute völlig aus dem Straßenbild verschwunden ist.

„Von ihrem Ursprung in der Imsumer Feldmark im Norden der Stadt hat die Aue früher das gesamte Gebiet der Leher Ortsteile Speckenbüttel, Eckernfeld, Twischkamp und Goethestraße von Regenwasser entwässert", erläutert der Vorsitzende der Eigentümerstandortgemeinschaft Lehe. Ab etwa 1900 mündete die Aue dort, wo sich heute die Werftstraße und die Straße Auf den Sülten treffen, in die Geeste. „Da die Geeste von den Tiden, also Ebbe und Flut, abhängig ist, wurde der Abfluss der Aue über ein Sieltor gesteuert", beschreibt Janßen. Bei Niedrigwasser in der Geeste konnte die Aue bei geöffneten Sieltoren abfließen, bei Hochwasser wurden die Tore geschlossen. „Sonst hätte das auflaufende Geestewasser einen Rückfluss der kleinen Aue in den Stadtteil verursacht", sagt Heiko Janßen.

Wer nun aber Bilder eines Naturidylls, eines friedlich fließenden, kristallklaren Flüsschens vor Augen hat, wird zumindest in den späteren Jahrzehnten des 20. Jahrhunderts enttäuscht. Das rasante Wachstum Lehes sowie die um sich greifende Industrialisierung forderten ihren Tribut. Die Aue wurde sowohl von Anwohnern als auch von Unternehmen für die Entsorgung ihrer Abfälle missbraucht. Einige Zeitzeugen, von denen sich manche heute noch in der Geschichtswerkstatt Lehe engagieren, sprechen im 20. Jahrhundert eher von einer Kloake, erzäh-

Heiko Janßen wünscht sich, wie er da so vor dem Holzzaun steht, dass das ehemalige Flussbett der Aue den Quartiersbewohnern wieder zugänglich gemacht wird.

Im ehemaligen Flussbett der Aue gedeiht heute wieder Natur pur.

len von Ratten, Tierkadavern und allerlei Müll in der Aue. Als wäre dies nicht schon abstoßend genug, soll sich das Flüsschen an manchen Tagen sogar blutrot gefärbt haben von den Abfällen des Leher Schlachthofs.

„Die immer dichtere Bebauung und Versiegelung der Landschaft sowie das Anlegen von Regenwasserkanälen entzogen der Aue zunehmend Wasser", sagt Janßen. Damit ließ naturgemäß auch die Fließgeschwindigkeit im Unterlauf nach. Schlamm und all der Abfall setzten sich am Grunde des Flüsschens ab. Letztlich, erzählt Janßen, sei in den 60er-Jahren nur ein kümmerliches, verdrecktes und stinkendes Rinnsal übriggeblieben.

1971 erwartete die Aue schließlich ein ganz unerhörtes Schicksal. Nicht nur wurde ihr Bett in den südlichen Quartieren Lehes zugeschüttet, auch ihre Fließrichtung wurde kurzerhand umgekehrt, weg vom Stadtteil. Statt in die Geeste zu münden, fließt das heute als Neue Aue bezeichnete Gewässer nun ab der Batteriestraße rund sechs Kilometer weit gen Norden und über den Grauen-Wall-Kanal in die Weser.

„Die durch die Zuschüttung entstandenen Freiflächen sind uns als Saarpark und als Gärten und Plätze zwischen den Häusern noch erhalten geblieben", stellt Janßen fest. „Die Aue hat die Architektur und das Erscheinungsbild des Quartiers nachhaltig beeinflusst." Welches Ausmaß die früher blaue, bisweilen blutrote und heute grüne Ader Lehes hatte, erkennt man aber nur noch aus der Vogelperspektive und an einigen seltenen Stellen im Stadtteil. In der Potsdamer Straße zwischen Eupener und Lutherstraße zum Beispiel.

Marc-Alexander Wagner

So geht's zur Baulücke:

Die Spuren der Aue finden sich im Ortsteil Lehe-Goethestraße. Am deutlichsten ist der Rest des Flussbetts auf einem Stück der Potsdamer Straße zwischen Eupener Straße und Lutherstraße auszumachen.

Unter diesen sanften Erhebungen finden sich Überbleibsel einer finsteren Zeit.

16

Erhebungen

Blumen statt Bunker

Im Bürgerpark verbringen viele Menschen ihre Freizeit und genießen die Idylle. Hier kann man wunderbar die Seele baumeln lassen. Doch kaum jemandem, sagt Dr. Julia Kahleyß, ist bewusst, was es eigentlich mit den leichten Erhebungen in der Nähe des Haupteingangs auf sich hat und wieso mitten im Stadtpark ein kleiner Hügel, der Kiebitzberg, liegt. Die Stadtarchivarin weiß, dass es sich keineswegs um natürliche Erhebungen handelt – sondern dass sich unter den heute so beliebten und 1908 entstanden Erholungsflächen gesprengte und verschüttete Bunkeranlagen befinden.

Schon am 28. November 1939 regnete es Bomben über Bremerhaven. Zwar galt der Angriff noch keinen zivilen Zielen, sondern dem Seefliegerhorst Weddewarden im Norden der Stadt. Doch der Luftangriff vom 16. Oktober 1940 traf dann auch Wohngegenden: Insgesamt 52 Luftangriffe flogen die Alliierten bis Januar 1945. 1142 Menschen starben im Bombenhagel. Die Stadtverwaltung reagierte mit dem Bau von Bunkern: „Zu Beginn der 1940er-Jahre wurden im Bürgerpark vier Bunker errichtet: einer südlich des Eingangs an der Johann-Ganten-Straße, einer im Dreieck zwischen Adolf-Hoff-Weg und Johann-Wichels-Weg sowie zwei Röhrenbunker am Haupteingang Bismarckstraße", erzählt die Stadtarchivarin. Ausgereicht hat das allerdings nicht: In den öffentlichen Bunkern, die bis Kriegsende gebaut wurden, fanden etwas weniger als zehn Prozent der Bürger Platz, die anderen mussten in ihren Kellern ausharren. Dazu kamen 121 sogenannte splittersichere Sonderbauten, die aber keinen Schutz gegen eine Bombardierung boten.

Dr. Julia Kahleyß steht auf dem Kibitz-Berg.

Besonders viele Bomben fielen am Abend des 18. September 1944: 20 Minuten dauerte der Angriff, den die Royal Air Force auf das Stadtzentrum flog. 20 Minuten, an deren Ende die Bilanz von 618 Toten, 1193 Verletzten und 30.000 Obdachlosen stand. 2670 Gebäude wurden zerstört. Hinzu kam, dass viele Bürger die Luftwarnung nicht ernstgenommen hatten. Zeitzeuge Günter Anders, damals 15 Jahre alt, sagte Schülern der Johann-Gutenberg-Schule einmal: „Als gegen 20 Uhr Luftwarnung gegeben wurde, fand dies kaum Beachtung. Zu oft schon hatten die Sirenen geheult, zu oft schon war drohende Luftgefahr oder gar Vollalarm angezeigt gewesen. Eine gewisse Gleichgültigkeit breitete sich aus." Die Bürger hätten manchen Alarm ‚überhört' und gar nicht erst den Schutzraum aufgesucht. Doch dann, in letzter Minute: die Flucht durch ein schon brennendes Haus auf die Straße. Zur Großen Kirche wollte man. Männer, Frauen und Kinder inmitten von Stabbrandbomben und Phosphorkanistern. Günter Anders: „Diese Angst im Nacken trieb uns vorwärts, das rettende Ziel greifbar vor Augen. Durch das Inferno von zusammenstürzenden Häusern und einem Flammenmeer drangen Schreie von Menschen, die von herabfallenden Trümmern oder glühendem Phosphor getroffen waren. Niemals vorher hatte ich solch entsetzliche Schreie gehört."

Mit der Kapitulation im Mai 1945 endete auch der Krieg in Bremerhaven: Am 7. Mai kamen die Briten, am 12. Mai übergaben sie die Stadt an die US-Armee.

Nach Kriegsende wurden die Luftschutzbunker bis auf den an der Johann-Ganten-Straße gesprengt, zum Teil abgeräumt und mit Erde und Pflanzen bedeckt, sagt Julia Kahleyß. Gesprengt wurde auch der Bunker nördlich des Johann-Wichels-Wegs. „Man hat ihn 1952 mit Erde abgedeckt, bepflanzt und mit Spazierwegen versehen. Er wurde umgangssprachlich Kiebitz-Berg genannt. Und noch weitere Veränderungen gab es im Park: „Auf der Wiese beim Haupteingang stand von 1946 bis 1957 eine von den Amerikanern gebaute Simultankirche, in ihr fanden abwechselnd protestantische und katholische Gottesdienste statt", erzählt sie. „Die Kirche wurde 1957 an die katholische Kirchengemeinde Herz-Jesu in Bremerhaven verkauft, die sie leicht verändert 1957 in Leherheide wiederaufbaute. Dort stand sie bis 1973 am Mecklenburger Weg."

Von der Kirche ist heute nichts mehr zu sehen. Von den Bunkern indes schon. Dort, wo Menschen dem Müßiggang nachgehen, rannten Jahrzehnte zuvor Bremerhavener um ihr Leben, auf dem Weg in den schützenden Bunker. Durch eine brennende Nacht.

Eva-Maria Bast

So geht's zu den Erhebungen:

Sie befinden sich unweit des Haupteingangs im Bürgerpark, Eingang Bismarckstraße. Es handelt sich um die Wiese links neben den Blumenrabatten. Der Kiebitz-Berg befindet sich im Dreieck zwischen Adolf-Hoff-Weg und Johann-Wichels-Weg. Am besten zu erreichen durch den Eingang Kammerweg und dann rechts abbiegend dem Adolf-Hoff-Weg folgend, kurz hinter der Abbiegung rechts vor den Sportplätzen.

Die Seute Deern im Museumshafen.

17

Seute Deern

Geisterschiff vor St. Thomas

Die Seute Deern? Kennt jeder Bremerhavener, und es wird wohl auch kaum ein Tourist die Stadt verlassen, ohne die Bark gesehen zu haben. Das Museumsschiff liegt unübersehbar im Museumshafen, man kann hervorragend auf ihm speisen (und übrigens auch heiraten). Ein Geheimnis ist das mithin wirklich nicht. „Doch", sagt Segelmacher Jan Hoheisel. „Die Seute Deern birgt ein Geheimnis. Es gibt da etwas, das fast niemand weiß. Die Seute Deern war nämlich ein Geisterschiff."

Die heutige Seute Deern sei 1919 als Viermastgaffelschoner Elizabeth Bandi im US-Bundesstaat Mississippi vom Stapel gelaufen, erzählt er. „Sie war als Langholztransporter gebaut worden. Das heißt, dass durch eine große Klappe im Bug Stämme in den Rumpf geladen wurden." Außerdem sei das Schiff damals anders getakelt gewesen und hätte nicht wie heute drei, sondern vier Masten gehabt. Interessant. Aber geheimnisvoll? Das ist wohl eher diese Geschichte: „Auf ihrer Jungfernfahrt hatte die Seute Deern Holz für Bahia geladen. Dort soll sie als Geisterschiff angekommen sein, also vor dem Hafen getrieben haben, während vom Kapitän jede Spur fehlte", erzählt Jan Hoheisel. „Man war sich nicht sicher, ob der Kapitän über Bord gegangen ist, sich das Leben genommen hat oder, oder, oder." Die Besatzung, die ohne Kapitän nicht an Bord sein sollte, habe mit ihren Ruderbooten das Weite gesucht. Vielleicht hätten die Besatzungsmitglieder sich auch durch das Verschwinden ihres Kapitäns gegruselt, mutmaßt Hoheisel. „Somit war es ein Geisterschiff, das vor der Atlantikinsel Saint Thomas antrieb. Was aus dem Kapitän wurde, weiß man nicht."

Jan Hoheisel hat es sich vor der Seute Deern gemütlich gemacht.

Die Seute Deern wechselte mehrfach den Besitzer, fuhr mit Holz beladen von Finnland nach England und zurück, wurde in der Werft von Blohm & Voss zur Dreimastbark umgebaut. Zeitweise diente das Schiff in den 1950er-Jahren sogar als Jugendherberge. 1966 kam es nach Bremerhaven, 1972 vermachte es die Stadt dem „Deutschen Schiffahrtsmuseum Bremerhaven" als Gründungsgeschenk. So wurde die Seute Deern zum Museumsschiff. Diesem alten, hölzernen Frachtsegler – dem größten original erhaltenen der Welt übrigens – ist dieses Schicksal sicher recht. Es ist doch allemal schöner, von Leuten besucht zu werden, die gemütlich essengehen wollen – oder gar von Brautleuten und ihren Gästen – als herrenlos vor einer Atlantikinsel zu treiben.

Eva-Maria Bast

So geht's zur Seute Deern:

Das Schiff liegt im Museumshafen des Deutschen Schiffahrtsmuseums.

Katharina Rosen studiert die Inschrift auf einer der beiden Sandsteintafeln.

18

Sandsteintafeln

Über die Geeste ins Ausland

Da steht es unter der Überschrift Bremer-Haven in Stein gemeißelt: *Der Freystaat Bremen ließ diesen Haven einem sichern Ankerplatze für die Schifffahrt aller mit der Weser verkehrenden Völker durch seinen Baumeister Jacob Johann van Ronzelen erbauen. Der Grundstein ward unter der nordwestlichen Ecke des Schleusen-Bassins gelegt am 12. Julia 1828. Die Eröffnung der Schleuse erfolgte am 12. September 1830.*

Dieses Schild, erzählt Katharina Rosen, erinnert zusammen mit der benachbarten Tafel des Bremer Stadtwappens an den ersten Hafen Bremerhavens, den sogenannten Alten Hafen, der von 1827 bis 1830 gebaut wurde. „Der Hafen wurde an der Stelle gegründet, wo die Geeste in die Weser fließt", sagt die Stadtführerin. „Dafür wurde van Ronzelen engagiert, der bereits den Hafen in Amsterdam gebaut hatte. Wie die Holländer allgemein hatte auch er einen sehr guten Ruf, was den Hafenbau angeht. Hier liegt der Ursprung Bremerhavens als Hafenstadt – wie der Name schon sagt als Hafen der Bremer. Diese zog es näher an die Nordsee, da sie die insgesamt gut 100 Kilometer Wasserweg bis nach Bremen wegen der Versandung der Weser nicht mehr bewältigen konnten. Auch die seit dem 17. Jahrhundert genutzten Zuliefererhäfen Brake und Vegesack waren mit großen Schiffen zunehmend schlechter zu erreichen, dazu kamen in Brake Abgaben an Oldenburg. „Auch deshalb war die Hafengründung eine gute Idee", erklärt Katharina Rosen. Bremen stand tatsächlich unter Handlungsdruck: Als die Vereinigten Staaten von Amerika 1776 ihre Unabhängigkeit erklärten, verloren die Briten ihr Handelsmonopol – was für Bremen im Hinblick auf den Fernhandel eine Riesenchance bedeutete. Mit Schiffen, die im Sand stecken blieben, konnte eine solche Chance natürlich nicht optimal genutzt werden. Das war auch den Bremern klar. Also musste ein Hafen her, in dem große Schiffe anlegen können – und zwar problemlos. „Der Bremer Bürgermeister Johann Smidt setzte sich deshalb Anfang des 19. Jahrhunderts sehr für den Hafenbau an der Geestemündung ein", erzählt Katharina Rosen.

Obwohl die wirtschaftlichen Gründe für den Hafenbau offensichtlich waren, bedurfte es bis zur Realisierung langer Verhandlungen. Denn das Land an der Außenweser gehörte damals zum Königreich Hannover, das es sich sich einiges kosten ließ, das Gebiet nördlich der Geestemündung abzutreten: Der Bremer Senat kaufte das Land zum Preis von 73.658 Talern, 17 Groschen und 1 Pfennig. Am 11. Januar 1827 wurde der Vertrag unterzeichnet und anschließend mit dem mühsamen

„Man hatte damals kaum technische Hilfsmittel. Hunderte Arbeiter schaufelten Tag und Nacht."

Bau begonnen: Die Anlage des 750 Meter langen und 57,5 Meter breiten Hafens war anstrengend. „Damals gab es nur wenige technische Hilfsmittel. Hunderte Arbeiter hoben Tag und Nacht tonnenweise Erdreich aus, bis der Hafen am 1.September 1830 eingeweiht werden konnte."

Doch dann, es war bereits 1845, gründete Hannover auf der anderen, südlichen Seite der Geeste einen eigenen Hafen mit dem Namen Geestemünde. „Ursprünglich gab es in Hannover keine Absicht, einen Hafen zu bauen; nun wurde jedoch einer ganz klar in Konkurrenz zum erfolgreichen Bremerhaven errichtet", sagt Rosen. Warum wurde das Grundstück dann überhaupt für den Hafenbau verkauft, um wenig später selbst einen Konkurrenzhafen daneben zu bauen? „Möglicherweise, weil der Handel inzwischen einen enormen Aufschwung genommen hatte", vermutet Katharina Rosen. Vielleicht aber auch, weil die Hannoveraner den Bremern nicht zugetraut hatten, erfolgreiche Hafengeschäfte zu betreiben.

Und so entwickelten sich Geestemünde und Bremerhaven nebeneinander weiter, jeweils in entgegengesetzte Richtungen. Die junge Stadt Bremerhaven gewann schnell an Bedeutung, und ab 1847 verkehrte von hier aus mit der „Washington" die erste Dampfschifflinie von Europa nach Amerika. Die Raddampfer waren mit ihren Radkästen allerdings so breit, dass sie nicht durch die Schleuse des Alten Hafens passten und deshalb bis 1852 der Neue Hafen gebaut werden musste. Während sich auf beiden Seiten der Geeste der Schiffbau ansiedelte, entwickelten sich Geestemünde und Bremerhaven nicht nur geografisch in unterschiedliche Richtungen: In Geestemünde landete Holz, Reis und Petroleum an, später entstand hier der Fischereihafen. „In Bremer-

Am Ende der zugeschütteten Hafenzufahrt erinnert eine Tafel an die einstige Nutzung.

haven konzentrierte man sich vor allem auf das Geschäft mit den Auswanderern", erzählt Katharina Rosen, für die der Aspekt der Konkurrenz-Häfen bis heute eine zentrale Rolle im Verständnis der Bremerhavener Stadtgeschichte spielt.

„Man muss sich das mal vorstellen: zwei Häfen, jeweils auf einer Seite der Geeste", sagt sie. „Auf dem Fluss verkehrte eine Fähre, aber um diese benutzen zu können, musste man einen Pass besitzen. Der damalige Deutsche Bund war in zahlreiche Fürstentümer unterteilt. Das heißt, wenn man die Geeste überquerte, fuhr man tatsächlich ins Ausland. Dass sich die heutige Stadt aus so unterschiedlichen Bereichen entwickelt hat, ist für mich eine der spannendsten Seiten Bremerhavens."

Über das Meer in einen anderen Kontinent. Über den Fluss in ein anderes Land.

Eva-Maria Bast

So geht's zu den Sandsteintafeln:

Sie befinden sich am Alten Vorhafen am Ende der zugeschütteten Zufahrt.

In diesem Gebäude direkt am Yachthafen war von 1961 bis 1990 das Historische Museum Bremerhaven untergebracht.

19

Geschäftshaus

Fahrstuhl in die Vergangenheit

Im Schaufenster stehen Computer. Auch das Haus wirkt modern, um nicht zu sagen geschichtslos. Doch, wie so oft, sollte man keine voreiligen Schlüsse ziehen: Denn auch wenn man es nicht glauben mag, war gerade dieses Geschäftshaus in der Kaistraße drei Jahrzehnte lang der wohl geschichtsträchtigste Ort der Stadt.

„In diesem Gebäude, einem ehemaligen Kaufhaus, war von 1961 bis 1990 das Historische Museum untergebracht", erklärt Museumsleiter Dr. Alfred Kube. „Allerdings teilte sich das Museum das Dach unter anderem mit einem Möbelhaus und einer Tanzschule. In die Museumsräume im dritten und vierten Stock, die doch noch sehr an ein Kaufhaus erinnerten, gelangten die Besucher erst über einen Fahrstuhl."

Die kuriose Situation inspirierte auch den Reporter der Nordsee-Zeitung, der in der Ausgabe vom 4. Februar 1961 unter der Überschrift „Fahrstuhl in die Vergangenheit" über die Eröffnung berichtete:

„Kaistraße 6, dritter und vierter Stock: Hier öffnet Dienstag nach anderthalbjährigem Aufbau das Morgensternmuseum seine Pforten, die aus Fahrstuhltüren bestehen. Vom Lärm des zwanzigsten Jahrhunderts führt dieser Fahrstuhl in die beschauliche Ruhe der Vorgeschichte und Volkskunde."

Die Ursprünge des Morgensternmuseums, wie das Historische Museum Bremerhaven genannt wurde, liegen aber noch viel weiter zurück. „Die Sammlung geht zurück auf den Heimatbund der Männer vom Morgenstern. Bereits 1896 trieben vor allem Dr. Jan Bohls und Hermann Allmers die Idee voran, ein Museum einzurichten", erzählt Kube. Am 15. Januar 1906 wurde das Museum in Geestemünde feierlich eröffnet.

Hier, wo Dr. Alfred Kube steht, ging es früher schon in das Geschäftshaus. Ins Museum kam der Besucher aber erst über einen Fahrstuhl.

Doch dem Museum standen herbe Rückschläge bevor: „Die Bombenangriffe im Zweiten Weltkrieg und ein Brand im Jahr 1948 vernichteten einen Großteil der Museumssammlung", berichtet der Museumsleiter. Der erfolgreiche Wiederaufbau nach dem Krieg sei ohne die zahlreichen ehrenamtlichen Helfer vor allem aus den Reihen der Männer vom Morgenstern nicht denkbar gewesen. Dieser Einschätzung hätte der Verfasser des Zeitungsberichts vom 4. Februar 1961 wohl zugestimmt. Schreibt er doch: „Tatsächlich trugen seine Mitglieder wesentlich dazu bei, den geschichtsträchtigen Boden des Weser-Elbe-Dreiecks zu erforschen. Ihrer Aktivität ist es zu verdanken, daß der wissenschaftliche Mittelpunkt dieses Dreiecks – nicht nach der Geometrie – nun in Bremerhaven liegt, genau: an der Kaistraße."

„Mit dem Umzug 1961 in das ehemalige Kaufhaus erreichte das Museum eine neue Blüte", führt Dr. Kube aus. Die Sammlung wuchs derart an, dass ein weiteres, drittes Stockwerk für das Museum hergerichtet wurde. In gewisser Weise wurde das Morgensternmuseum sogar zu erfolgreich: „Insbesondere die Schifffahrtsabteilung erfreute sich so großen Zuspruchs in der Bevölkerung, dass hieraus die Initiative entstand, in Bremerhaven ein Schifffahrtsmuseum als Stiftung zu gründen", berichtet Kube. 1973 wurden die gesamte schifffahrtsgeschichtliche Abteilung und große Teile der stadtgeschichtlichen Sammlung als Grundstock an das neugegründete Deutsche Schiffahrtsmuseum abgegeben. „Dies schien das Ende des Städtischen Morgenstern-Museums zu bedeuten", betont der Museumsleiter. Doch Hilfe nahte: 1978 gründete sich der gemeinnützige Förderkreis Morgenstern-Museum e.V. „Seiner engagierten Arbeit war es zu verdanken, dass die Sammlung allmählich wieder anwuchs. Bis zum heutigen Tage leisten die Förderkreismitglieder einen unverzichtbaren Beitrag zum Erfolg des Museums."

Während das Museum florierte, zeigte das Gebäude an der Kaistraße deutliche Alterserscheinungen. „Heute ist das Haus kernsaniert, aber in der Museumszeit von 1961 bis 1990 war die bauliche Lage am Ende sehr misslich", erinnert sich Dr. Alfred Kube, der im August 1989 die Museumsleitung schon mit Blick auf einen Museumsneubau und eine neue Sammlungskonzeption übernahm. „Auf den Fensterbänken mussten wir Handtücher platzieren, um die Feuchtigkeit draußen zu halten. Und wenn wir in den kalten Monaten an unseren Schreibtischen arbeiteten, stand darunter immer ein Elektro-Ofen." Das hielt ihn aber nicht ab, zeitweise sogar ins Museum einzuziehen. „Der Arbeitsdruck vor der Neueröffnung war enorm, aber es ist die Krönung der Museumsarbeit, ein Museum von Grund auf neu gestalten zu können", sagt Kube. So verbrachte er die letzten Tage und Nächte am alten Standort kurzerhand in einem alten Doppelstockbett der Bremen IV.

Der Lohn der Strapazen ist seit dem 31. August 1991 am und im Neubau des Historischen Museums Bremerhaven an der Geeste zu sehen. Eines wird dabei besonders deutlich: Museen bewahren nicht nur die Geschichte, sie haben auch selbst eine.

Marc-Alexander Wagner

So geht's zum Geschäftshaus:

Der ehemalige Standort des Historischen Museums Bremerhaven liegt in der Kaistraße, Hausnummer 5, direkt am Yachthafen.

Die zerbrochene Mauer soll an das Schicksal der Zwangsarbeiter erinnern, die in Bremerhaven während des Zweiten Weltkriegs eingesetzt wurden.

20

Auseinandergebrochene Mauer

Die Einsamkeit der Zwangsarbeiter

Ein Mauerstück. Roter Klinker. In der Mitte auseinandergebrochen. Wie passend angesichts der Geschichte, die mit dem Mauerstück in Verbindung steht, an die es erinnern soll. Die Geschichte der zerbrochenen Leben derjenigen, die während des Zweiten Weltkriegs aus ihrer Heimat verschleppt wurden, um in Bremerhaven als Zwangsarbeiter eingesetzt zu werden.

„Auf dem Gebiet des heutigen Bremerhaven gab es insgesamt 21 Zwangsarbeitslager", erzählt Geschichtskenner Arnold Plesse. „Zum Beispiel das Frauenlager Dreibergen, hier waren 350 Ostarbeiterinnen untergebracht." 654 Ostarbeiter nach dem Ostarbeitererlass vom 20.2.1942, 117 Franzosen und 45 Polen nach dem Polenerlass vom 8.3.1940 seien 1944 in der Packhalle XIV untergebracht gewesen. „Und hier, wo heute das mit Gedenktafeln versehene Mauerstück steht, befand sich das Gemeinschaftslager Baggerloch", fährt er fort. „400 Menschen lebten hier, zusammengepfercht in acht Baracken." Im Fischereihafen mussten Zwangsarbeiter im Reichsbahnlager Dienst tun. „Die Frauen haben vornehmlich in der Fischindustrie oder im Haushalt gearbeitet, die Männer wurden vor allem im Schiffbau und in der Landwirtschaft eingesetzt", erzählt Arnold Plesse. Viele Zwangsarbeiter und ihre Kinder starben an den unmenschlichen Arbeitsbedingungen und an Unterernährung „Diejenigen, die nach Ansicht der Nationalsozialisten nicht hart genug arbeiteten, wurden durch Erhängen oder Genickschüsse ermordet. Die anderen Zwangsarbeiter mussten bei diesen Hinrichtungen zuschauen." Arnold Plesse hat ein Zitat von Reichsinnenminister (ab 1943) Heinrich Himmler (1900-1945) herausgesucht, in dem es heißt: „Bei der Exekution (...) sind (...) die in der Umgebung eingesetzten Arbeitskräfte der gleichen Volksgruppe nach erfolgter Hinrichtung am Galgen vorbeizuführen. (...) Die Erhängung ist durch Schutzhäftlinge (...) möglichst der gleichen Volksgruppe zu vollziehen. Die Schutzhäftlinge erhalten für den Vollzug drei Zigaretten."

Arnold Plesse steht hinter dem Durchbruch in der Mauer.

Zwangsarbeiter wurden ab Beginn des Zweiten Weltkriegs – mit dem deutschen Überfall auf Polen – nach Deutschland gebracht. Die Nationalsozialisten verschleppten Millionen Männer und Frauen aus ihrer Heimat, um sie für die Kriegswirtschaft arbeiten zu lassen. Waren sie bei Bauernfamilien eingesetzt, deren Männer im Krieg waren, hatten sie es teilweise noch gut getroffen, manch eine Bauernfamilie behandelte sie zumindest mit einem Mindestmaß an Menschlichkeit – wenngleich jegliche Gemeinsamkeit, wie das Speisen an einem Tisch, untersagt war. Und ab und zu entwickelten sich auch Liebesbeziehungen zwischen Deutschen und Zwangsarbeitern. Was natürlich streng verboten war. Kam die Liebschaft heraus, wurden die Zwangsarbeiter gehängt und die Deutschen in Konzentrationslager deportiert. Deutschen Frauen, die sich mit Zwangsarbeitern eingelassen hatten, wurden als äußerliches Stigma die Haare geschoren.

In Wesermünde mussten ab 1942 zahlreiche Männer und Frauen vor allem aus Polen, Russland und Frankreich Zwangsarbeit verrichten. „1944 waren es insgesamt 14.373, die in mehr als 240 Betrieben Wesermündes eingesetzt wurden." In jenem Jahr waren es im ganzen Deutschen Reich rund 7,5 Millionen Männer und Frauen in 300.000 Lagern. Nina Kolosowa von der Krim schreibt in ihren Erinnerungen: „Während der zweieinhalb Jahre hat man uns weder Bekleidung noch Schuhe gegeben, außer dem Arbeitsoverall und Holzschuhen gleich am Anfang." Manchmal hätten sich die Zwangsarbeiter aus hellen und weichen Säcken Unterwäsche genäht. „Dafür wurden wir aber bestraft: Man gab uns nichts zu essen und machte Abzüge vom Lohn." Von ihrer mageren Bezahlung hätten sich die Zwangsarbeiter ohnehin nichts kaufen können, da sie das Lager nicht verlassen durften.

Das Verhalten der Bremerhavener gegenüber den Zwangsarbeitern war sehr differenziert. Anna Jarosch aus der Ukraine, die in einer Fischfabrik arbeitete, schreibt: „Der Fabrikbesitzer war ein herzensguter Mann. Sein Stellvertreter war ein brutaler Mensch." Besonders großes Leid brachte den Zwangsarbeiterinnen, die Mütter waren, jedoch ein Bombenangriff vom 18. September 1944. Anna Jarosch: „Kinder wurden in unserem Lager geboren, aber man brachte sie gleich in ein anderes Lager nebenan. Die Mütter durften ihre Kinder dort besuchen und füttern (...). Dieses Lager wurde stark bombardiert, und alle Kinder sind ums Leben gekommen."

Die Leben der Mütter waren damit zerbrochen, konnten nie mehr gut werden. Wie die der anderen Zwangsarbeiter. Und wie das Mauerstück, das an die Zwangsarbeiter in Bremerhaven erinnert.

Eva-Maria Bast

So geht's zur auseinandergebrochenen Mauer:

Sie steht in der Straße Am Baggerloch an der Einmündung der Kühlhausstraße.

129–123
Hafenstr.
offene Kirche

Lale-Laterne

„Wie einst Lili Marleen..."

Eine Laterne auf einer Straße? Das ist nun wirklich nichts Besonderes. Man braucht ja schließlich Licht, wenn man nachts durch die Straßen Bremerhavens spaziert. Doch diese Laterne ist durchaus etwas Besonderes, was man auch daran erkennen kann, dass sie anders aussieht als die üblichen in dieser Stadt. Und sie soll auch an etwas erinnern: an das Lied Lili Marleen, das im Zweiten Weltkrieg zum bis dahin bekanntesten Soldatenlied aufstieg.

„Lale Andersen, die den Song berühmt gemacht hat, ist 1905 in der Nähe geboren und aufgewachsen", erzählt Eva Erkenberg, die wiederum ganz in der Nähe ein Geschäft betreibt. „Die Laterne steht am Eingang der Straße zu ihrem Geburtshaus." Auch wenn sie sich von den anderen Straßenlaternen abhebe, nehme kaum jemand die besondere Straßenlampe wahr, hat Eva Erkenberg beobachtet. „Touristen kommen ohnehin nicht hierher", bedauert die Bremerhavenerin. „Dabei gibt es hier so viel zu entdecken!" Die Laterne, die für Lale Andersen (1905-1972) gebaut wurde, liegt Eva Erkenberg vor allem deshalb am Herzen, weil sie selbst Musikerin ist. Mit Freunden macht sie schon lange im Trio Musik. Und als 2005 Lale Andersens 100. Geburtstag anstand, „haben wir ein Rudelsingen organisiert. Rund 200 Leute aus verschiedenen Bremerhavener Chören, mit denen wir gemeinsam mehrere Lieder von Lale gesungen haben." Mit von der Partie war auch Lale Andersens Tochter, die inzwischen verstorben ist.

Lale Andersens Vater habe beim Norddeutschen Lloyd gearbeitet, berichtet Eva Erkenberg. „Und Lale, die eigentlich Liese-Lotte Helene Berta Bunnenberg hieß, ist dann relativ früh, im Alter von 17 Jahren, mit dem Maler Paul Ernst Wilke zusammengekommen und hat mit ihm drei Kinder bekommen."

Dann ging Lale nach Berlin – und ließ Mann und Kinder in Bremerhaven zurück. „Die Kinder sind bei Verwandten oder in Hei-

Eva Erkenberg an der Straßenlaterne für Lale Andersen, die die Bundesmarine Bremerhaven als Hommage an die Sängerin restauriert und 1981 aufgestellt hat.

„Bei der Laterne woll'n wir stehn / wie einst Lili Marleen."

men untergekommen, und Lale hat Karriere gemacht", erzählt Eva Erkenberg die Geschichte weiter. Im Jahr 1939 erfolgte dann der Durchbruch: Lale Andersen nahm Lili Marleen auf, ein Lied, deren erste drei Strophen der Dichter Hans Leip (1893-1983) im Ersten Weltkrieg geschrieben hatte, bevor er in der Nacht zum 4. April 1915 an die russische Front aufbrechen musste. Lale Andersen sang in ihren Programmen zunächst eine vom Münchner Komponisten Rudolf Zink (1910-1983) vertonte Version, dann die von Norbert Schultze (1911-2002). Im Zweiten Weltkrieg wurde der – heute würde man sagen: Hit – über den Soldatensender Belgrad in ganz Europa gesendet. Soldaten auf beiden Seiten der Front gaben sich den wehmütigen Klängen hin, hörten zu und verbanden mit dem Lied die Hoffnung auf die Heimat, als Lale Andersen sang: „bei der Laterne woll'n wir stehn / wie einst Lili Marleen / wie einst Lili Marleen."

Dem NS-Regime schmeckte das aber so gar nicht. Man warf Lale Andersen vor, das Lied entfalte eine „wehrkraftzersetzende Wirkung" und verbot es 1941, was zu großen Protesten führte. Ab dem 18. August 1941 wurde Lili Marleen wieder übertragen: jeden Abend um 21.57 Uhr, vor den Nachrichten. Als bekannt wurde, dass Lale Andersen Kontakt zu Juden in der Schweiz pflegte, was im NS-Regime strikt verboten war, wurde sie am 16. September 1942 aus der Reichskulturkammer ausgeschlossen. Es war dem Rundfunk fortan untersagt, Andersens Aufnahmen zu senden. Nur knapp entging sie dem Konzentrationslager. Doch dann berichtete die BBC, der aufgefallen war, dass Lili Marleen nicht mehr übertragen wird, mit der Vermutung, sie sei verhaftet worden. Das musste das NS-Regime dementieren. Lale Andersen wurde also nicht ins KZ gebracht, das Singen des Liedes verbot man ihr jedoch. Ab Mai 1943 durfte Lale Andersen zwar im kleineren Rahmen wieder auftreten, jedoch nicht mehr vor Soldaten – und auch nicht mit dem Lied, das sie bei allen Soldaten international bekannt und beliebt gemacht hatte: Lili Marleen.

„Und Lale, die eigentlich Liese-Lotte Helene Berta Bunnenberg hieß, ist dann relativ früh, im Alter von 17 Jahren, mit dem Maler Paul Ernst Wilke zusammengekommen und hat mit ihm drei Kinder bekommen.“

Lale Andersen zog sich auf die Insel Langeoog zurück. Und sang Lili Marleen dort bestimmt noch weiterhin. Wenn auch im Stillen. Und nach dem Krieg dann auch wieder öffentlich.

Eva-Maria Bast

So geht's zur Lale-Laterne:

Die Lale-Laterne steht Ecke Lutherstraße/Hafenstraße.

Heute steht der Semaphor in Bremerhaven an der Einfahrt zur Schleuse Neuer Hafen.

22

Semaphor

Die Zeichen der Zeit

Fragende Gesichter — wohl nirgends sieht man sie häufiger in Bremerhaven als an diesem hoch aufragenden stählernen Gewirr aus Zeigern. Und dann die zwei großen Buchstaben in luftiger Höhe: B und H. Wofür mögen sie stehen? „Bremen“ und „Hamburg“ vielleicht? „Bug“ und „Heck“? Oder doch „Butt“ und „Hering“ als Hinweis für die Fischer?

„Der sogenannte Semaphor gibt vielen Besuchern Rätsel auf“, stellt Christian Klose, Chefredakteur der Nordsee-Zeitung, fest. „Mir ging es ähnlich, als ich 2014 erstmals nach Bremerhaven kam und staunend den Hafen erkundet habe“, erinnert sich der gebürtige Ulmer.

Inzwischen hat er sich mit Hilfe der Experten für Hafen und Schifffahrt in seiner Redaktion schlau gemacht und kann das Rätsel um das B und das H lüften: „Die Buchstaben stehen für Borkum und Helgoland."

Der Semaphor, dessen griechischer Name Zeichenträger bedeutet, zeigte vorbeifahrenden Seeleuten an, aus welcher Richtung und in welcher Stärke der Wind auf den beiden Nordseeinseln wehte. Früher wurde die Wetteranzeige per Hand eingestellt, heute funktioniert das automatisch – wenn die Technik mitspielt. „Wenn man das Prinzip verstanden hat, kann man die Anzeige leicht ablesen", versichert Klose. Über die noch in weiter Ferne sichtbaren Buchstaben B und H geben zwei Windrosenanzeiger von je 4,5 Meter Länge die Windrichtung auf der jeweiligen Insel an. Die entsprechende Windstärke verraten direkt darüber sechs je 1,5 Meter lange Zeiger zu beiden Seiten – jeder einzelne von ihnen wiegt gut 22 Kilogramm. Ein Zeiger in komplett horizontaler Stellung steht dabei für zwei Windstärken, halb angewinkelt signalisiert er eine Windstärke.

„Die Technik stammt aus einer Zeit, bevor sich der Funk auf See etablierte und lange vor dem Satellitenzeitalter mit seiner GPS-Ortung und der digitalen Datenübertragung", erläutert Christian Klose. „Damals, Ende des 19. Jahrhunderts, waren die Schiffe entlang der gesamten deutschen Küste, an Nord- und Ostsee, auf ein Netzwerk dieser optischen Telegrafen angewiesen. Sie bildeten eine nahtlose Kette von Seezeichen." Der Chefredakteur weist auch auf den zweiten erhaltenen Windsemaphor in Cuxhaven hin. „Er stand und steht an der Alten Liebe", berichtet er. Der Cuxhavener Semaphor wurde 1883/84 erbaut und nach einem Sturmschaden 1904 neu errichtet.

Der Bremerhavener Semaphor befand sich ursprünglich auf der Anlegerbrücke des Leuchtturms Hoheweg, gut 25 Kilometer vor der Küste, nordwestlich von Bremerhaven. „Hoheweg ist das älteste feste Leuchtfeuer der Außenweser", berichtet Klose. „Gebaut und geplant hat es ein in Bremerhaven bekannter Mann: Jacobus Johannes van Ronzelen, der erste Baumeister und Hafenbaudirektor der Stadt", erklärt er. Am 1. Dezember 1856 ging der Leuchtturm in Betrieb, ab 1893 wurde der Semaphor ergänzt, der vorbeifahrenden Schiffen die Windstärke auf den Inseln anzeigte. „Als 1972 der Leuchtturm Hoheweg schließlich auf automatischen Betrieb umgestellt wurde, hatten nicht nur die Leuchtturmwärter, sondern auch der Semaphor ausgedient", sagt Klose. 1976 wurde der Windanzeiger dann wegen starker Rostschäden demontiert. Die Funktionen des Leuchtturms werden heute vom Wasser- und Schifffahrtsamt Bremerhaven fernüberwacht.

Ein Aspekt gefällt dem Chefredakteur besonders an der Geschichte der Semaphoren: „Sie zeigen beispielhaft das Engagement der Bürger für die maritimen Traditionen." So ging die Initiative zum Wiederaufbau des Semaphors von der Schifffahrtsgeschichtlichen Gesellschaft Bremerhaven aus. „Mit Unterstützung der Stadt Bremerhaven und zahlreichen Sponsoren wurde er anlässlich des Windjammer-Festivals Sail 2005 nahe der Schleuse zum Neuen Hafen wieder aufgebaut. Dabei konnte man sogar auf Originalteile zurückgreifen, die das „Deutsche Schiffahrtsmuseum" vorausschauend eingelagert hatte", erzählt Klose. Auch in Cuxhaven verhinderte die engagierte Bevölkerung, dass der Semaphor 1968 wie geplant abgerissen wurde. Seit dem 3. April 1971 ist die stattliche Installation als technisches Denkmal geschützt. „Und heute", betont Klose, „geben die Anlagen in beiden Städten tolle Fotomotive ab – selbst wenn man sie nicht zu lesen versteht."

Der Semaphor verrät es: Windstärke 3 auf Borkum (links) und 4 auf Helgoland.

Marc-Alexander Wagner

So geht's zum Semaphor:

In Bremerhaven steht der Semaphor an der Sportbootschleuse des Neuen Hafens, nördlich vom Zoo am Meer. In Cuxhaven steht der Semaphor direkt an der Alten Liebe.

Mit viel Glück und bei extremem Niedrigwasser kann man das Wrack sehen.

23

Wrack

Gustav Schmidt lebte nicht lange

Die Weser weiß ihre Geheimnisse gut zu hüten. Meistens zeigt sie nicht, was sie auf ihrem Grund verbirgt. Doch bei extremem Niedrigwasser kann man es mit viel Glück erkennen: Da liegt doch tatsächlich ein Wrack auf dem Wesergrund!

„Das ist die Bremen IV, oder was von ihr übrig ist", sagt Stadtarchivarin Dr. Julia Kahleyß. „Ein sehr berühmtes Schiff, das 1927 gebaut wurde und ab 1929 zehn Jahre lang in der Europa-Amerika-Linie fuhr." Bremen IV hieß das Vier-Schrauben-Schiff des Norddeutschen Lloyd, weil es als viertes seiner Art vom Stapel lief. Das Flaggschiff verkehrte zwischen Bremerhaven, Southampton, Cherbourg und New York. Gebaut wurde es bei der Werft der Deutsche Schiff- und Maschinenbau Aktiengesellschaft (DeSchiMAG) Weser, der Norddeutsche Lloyd erhielt es 1929, im Anschluss an die Probefahrten. Die

Kiellegung der Bremen IV wurde auch als Zeichen des Wiedererstarkens der deutschen Wirtschaft nach dem Ersten Weltkrieg und der Inflation gedeutet. „Die Bremen IV galt damals als sehr modern und luxuriös und hat zwei Mal das blaue Band für die schnellste Ozeanüberquerung bekommen", berichtet Julia Kahleyß. „Das erste Mal schon auf seiner Jungfernfahrt." Mit dem Blauen Band wurde das schnellste Passagierschiff von Europa nach Amerika ausgezeichnet.

Im Zweiten Weltkrieg transportierte die Bremen IV keine luxusliebenden Passagiere mehr über das Meer, sondern lag zunächst als Wohnschiff der Marine vor Bremerhaven beziehungsweise Wesermünde. Obwohl die Bremen IV dafür vorgesehen war, Truppen der Wehrmacht nach England zu bringen, kam es dazu nicht: Ein Feuer verhinderte diesen Einsatz – der das Schiffsleben vielleicht auch beendet und vermutlich Menschenleben gekostet hätte. Manches Unglück hat eben auch einen positiven Aspekt.. Am 16. März 1941 stand die Bremen IV also in Flammen. Die Löscharbeiten dauerten drei Tage. „Um zu verhindern, dass weitere Schwelbrände entstehen, hat man die Bremen schließlich geflutet. Man warf dem Schiffsjungen Gustav Schmidt vor, das Schiff absichtlich in Brand gesetzt zu haben. Er wurde hingerichtet", erzählt Julia Kahleyß die Geschichte. Der Grund für die vermeintliche Brandstiftung? „Angeblich hatte der Schiffsjunge eine Auseinandersetzung mit seinem Vorgesetzten, wofür er sich angeblich rächen wollte", sagt die Stadtarchivarin. „Aber ob das wirklich stimmt – daran gab es durchaus Zweifel."

„Die Bremen IV galt damals als sehr modern und luxuriös und hat zwei Mal das blaue Band für die schnellste Ozeanüberquerung bekommen."

Einer, der sich intensiv mit dem Fall auseinandergesetzt hat, ist Schriftsteller Detlef Michelers. Zwei Jahre lang hat er recherchiert und fand einiges über diesen Schiffsjungen heraus. Michelers stieß auf eine Quelle, nach der der Diktator Adolf Hitler in der Nacht zum 15. September 1941 gesagt haben soll: „Die Juristen begreifen nicht, daß in Notzeiten andere Gesetze gelten. Ich bin nur gespannt, ob sie den Burschen, der auf der Bremen aus reiner Lust am Feuer den Brand gelegt hat, zum Tode verurteilen werden. Ich habe Weisung gegeben, daß, wenn das nicht geschieht, der Kerl sofort erschossen wird."

Gustav, hat der Schriftsteller herausgefunden, sei ein uneheliches Kind gewesen und habe sich nie angenommen gefühlt. Im Sommer 1940, nach Ende seiner Schulzeit, beginnt er eine Lehre als Matrose; kräftig sei er gewesen und wichtigtuerisch. Im Januar 1941 mustert er auf der Bremen an. Zwei Monate später steht das Schiff in Flammen. Der Verdacht fällt wohl erst einmal nicht auf ihn, doch dann hätte er, inzwischen auf einem anderen Schiff in Lohn und Brot stehend, damit angegeben, dass er, weil er ein Kerl sei, der sich nicht alles gefallen lasse, die Bremen anzündete.

Und nun nimmt die Geschichte ihren Lauf: Gustav Schmidt wird verhaftet. Lili Maffiotte schreibt in einem Bericht über Autor Michelers und seine Recherche: „Aus seiner womöglichen Lügennummer kommt der Schiffsjunge nicht mehr heraus. Auch nicht, als 1941 in einem Protokoll der täglichen Lagebesprechung beim Oberbefehlshaber der Kriegsmarine dokumentiert wird, dass aus bisher nicht geklärten Gründen auf dem Schnelldampfer Bremen drei Brände ausbrachen. Auch die Kriegsmarinedienststelle sprach von drei Brandherden." Für Gustav Schmidt gibt es keine Hoffnung mehr: Am 27. März 1942 wird er, inzwischen 16-jährig, geköpft.

Und die Bremen IV? Nach dem Zweiten Weltkrieg wurde der Rest des Schiffs in den Blexer Bogen geschleppt und auf Grund gesetzt. Dr. Julia Kalheyß findet: „Eben, weil man die Bremen IV nur selten sehen kann, ist ihre Geschichte geheimnisvoll."

Eva-Maria Bast

So geht's zum Wrack:

Von der Ortsmitte auf der Straße am Seedeich nach Süden fahren. Kurz hinter den Windrädern liegt rechts ein Parkplatz. Dieser ist der ideale Ausgangspunkt, um am Deich nach dem Wrack Ausschau zu halten.

Andreas Wendowski-Schünemann ist daran gelegen, die historischen Stätten in und um Altenwalde bekannter zu machen.

24

Berg

Abenteuerspielplatz der Geschichte

Ein bisschen wirkt es hier oben wie ein Abenteuerspielplatz der Geschichte: Es gibt Wälle aus dem 10. Jahrhundert zum Klettern, Schützengräben aus dem 20. Jahrhundert zum Verstecken und jede Menge zu entdecken. „Hier, rund um die Altenwalder Burg, befinden wir uns auf sehr geschichtsträchtigem Boden mit einigen wichtigen Denkmalplätzen", erläutert Andreas Wendowski-Schünemann.

Doch was macht dieses Fleckchen Erde so besonders? „Wir sind hier in einer Höhe von fast 38 Meter über Normalnull – das hört sich zwar nicht nach sehr viel an, aber für den höchsten Punkt Cuxhavens reicht es“, ergänzt der Cuxhavener Stadtarchäologe. „Man hat hier einen perfekten Überblick über die Elbmündung. Bevor in den vergangenen Jahrzehnten die Vegetation so dicht gewachsen ist, soll der Blick sogar bis zur Wesermündung nach Bremerhaven gereicht haben.“

Doch nicht nur topografisch ragt das Gelände der Altenwalder Burg heraus, auch im Fluss der Geschichte, von der Jungsteinzeit bis zum Zweiten Weltkrieg, taucht dieser Ort über Jahrtausende hinweg immer wieder auf: Die erste urkundliche Erwähnung Altenwaldes verdanken wir dem Chronisten Adam Bremensis (vor 1050-1081/1085). In seinem Werk „Gesta Hammaburgensis ecclesiae pontificum“ (Taten der Bischöfe der Hamburger Kirche), einer der bedeutendsten Quellen nordeuropäischer Geschichte und Geografie, hat er den Ort erstmals erwähnt. Im dritten Buch, Kapitel 44, schreibt der Chronist über den Bremer Erzbischof Adalbert (um 1000-1072) laut der Übersetzung von Werner Trillmich: „Fünfzig Herrenhöfe besaß der Erzbischof, deren größter, Altenwalde, für einen Monat, und deren kleinster, Hambergen, für vierzehn Tage Unterhalt lieferte. So stattlich war der Besitz dieses Bischofs.“

Doch die Schriftquellen seien nicht die ältesten Belege für eine Besiedlung in Altenwalde, betont Wendowski-Schünemann. „Dank archäologischer Funde – unter anderem Steinwerkzeuge und Gräber – wissen wir, dass die ersten Siedler hier in der Altenwalder Heide bereits in der Jungsteinzeit lebten, also vor rund 5000 Jahren“, erläutert er. Es gebe „massenhaft Anzeichen“ dafür, dass Altenwalde über Jahrhunderte hinweg ein „blühender Wohn- und Handelsplatz“ war. Neben zahlreichen Altfunden aus urgeschichtlicher Zeit ist vor allem das Mittelalter mit mehreren Fundplätzen vertreten. „Das lässt uns vermuten, dass Altenwalde damals weit über die Region hinaus bekannt gewesen ist“, ordnet der Stadtarchäologe die Funde ein.

Da wäre das sächsische Gräberfeld, direkt neben und unterhalb der Altenwalder Burg. „Entdeckt wurde es 1884, als hier für den Hafenbau in Cuxhaven Sand abgebaut und Steine gesucht wurden“, berichtet der Archäologe. „Mit seinen mehr als 500 Urnen zählt dieses Gräberfeld zu den größten Friedhöfen an der Elbemündung." Es sei sicher, dass hier noch weitere Gräber im Boden liegen. „Erst 2004 haben wir bei Erdarbeiten am neuen Wasserwerk noch eine Urne gefunden." Durch detaillierte Untersuchungen der Funde schlossen die Forscher darauf, dass dieser Friedhof vor allem vom ersten bis zum fünften nachchristlichen Jahrhundert genutzt wurde. „Bei den Ausgrabungen wurden außergewöhnlich viele römische Grabbeigaben gefunden", berichtet Wendowski-Schünemann. Reste römischer Militärgürtel, Bronze- und Silbermünzen, gemusterte Perlen, Gewandspangen, Geschirr und Becher aus Glas und Ton. Und – nicht zu vergessen – der spektakulärste Fund: die Altenwalder Silberschale. „Sie ist ein Meisterwerk der spätantiken Silberkunst, datiert um das Jahr 380", führt der Archäologe aus.

Während sich die exakte Lage und das Ausmaß des Gräberfelds nur erahnen lassen, ist der Rest der Burganlage noch deutlich als rechteckiger Wall am höchsten Punkt der Erhebung zu erkennen. „Die nördliche Längsseite ist gut 95 Meter lang, die schmalere Westseite etwa 65 Meter", beschreibt Andreas Wendowski-Schünemann.

„Seit den ersten archäologischen Untersuchungen 1906 bis in die heutige Zeit hat man geglaubt, die Burg sei durch Karl den Großen höchstpersönlich um 800 gegründet worden", erzählt er. Das konnten die Forscher bei neueren Ausgrabungen Ende der 1990er-Jahre aber als Mythos entlarven. „Es wurden im Nord- und Westwall verkohlte Hölzer freigelegt. Diese haben uns zum einen verraten, dass die Burg wohl durch ein Feuer zerstört wurde. Zum anderen konnten wir das Alter des Holzes – sprich den Zeitpunkt, als die Bäume gefällt wurden – durch Radiokohlenstoffuntersuchungen relativ genau auf die zweite Hälfte des 9. Jahrhunderts datieren." Die Altenwalder Burg sei also eher einem Nachfolger Karls des Großen zuzuschreiben.

„Hier, rund um die Altenwalder Burg, befinden wir uns auf sehr geschichtsträchtigem Boden."

Doch nicht nur im 9., auch im 20. Jahrhundert erkannte man die günstige Lage des Burgbergs und machte sie sich zunutze. „Im Ersten Weltkrieg wurde hier eine Batteriestellung errichtet, und im Zweiten

Weltkrieg hielten Soldaten hier eine Flakstellung", erzählt Andreas Wendowski-Schünemann.

Durch diese militärischen Einsätze habe die mittelalterliche Anlage natürlich außerordentlich gelitten. Kasematten wurden im Inneren des Erdwalls angelegt, Fundamente für Geschütze und Maschinengewehrstände gelegt, Schützengräben ausgehoben. Doch das ist es, was die Altenwalder Burg heute so abenteuerlich macht: Alle paar Schritte steht man in einer anderen Epoche.

Marc-Alexander Wagner

Die Spuren der militärischen Nutzung im 20. Jahrhundert sind noch deutlich zu sehen.

So geht's zum Berg:

Von der treffend benannten Straße Zur Burg in Cuxhaven-Altenwalde führt ein Wanderweg am Zaun entlang des Wasserwerks zum höchsten Punkt der Erhebung. Dort liegen die Überreste der Altenwalder Burg.

Die kleine schwarze Kugel erinnert an die Seeschlacht bei Helgoland 1864.

25

Kanonenkugel

Schwere Gefechte auf hoher See

Sie ist klein, schwarz und rund – und sie hat eine ausgesprochen spannende und wechselvolle Geschichte hinter sich. Obendrein ist sie noch mit einer Inschrift versehen: *Fregatte Schwarzenberg* steht über diesem kleinen runden Ding. Stadtführer Peter Monte weiß, was es damit auf sich hat. „Das ist eine Kanonenkugel", stellt er schlicht fest. Wie aber kommt sie dort hin, an den Hausgiebel mitten in Cuxhaven? Und was hat es mit der Inschrift auf sich?

Montes Erzählung beginnt Mitte des 19. Jahrhunderts, als die Schaffung eines vereinigten Deutschen Reiches politische Maxime war, darunter auch die sogenannte Großdeutsche Lösung, in deren Zuge das damalige Kaiserreich Österreich-Ungarn mit dem Deutschen Reich vereinigt werden sollte. Preußen und Österreich-Ungarn waren zu diesem Zeitpunkt bereits im Deutschen Bund zusammengeschlossen. „Eine besondere Herausforderung für das im Werden begriffene große Deutsche Reich war der Streit mit dem Königreich Dänemark um das Herzogtum Schleswig“, sagt Peter Monte. Das führte ab Herbst 1863 zu verschärften Spannungen und ab dem 1. Februar 1864 zum offenen deutsch-dänischen Krieg.

„Im nördlichen Schleswig-Holstein und in Jütland erlebte man eine massive Beteiligung Österreich-Ungarns, auch mit umfangreichen militärischen Verbänden. In Schleswig-Holstein kämpfte ein ganzes Armeekorps aus Österreich“, schildert der pensionierte Offizier der Marine die damalige Situation. „In der Nordsee gab es zu dieser Zeit eine Seeblockade der deutschen Häfen durch die dänische Marine“, sagt er. Preußen habe noch nicht über eine schlagkräftige Flotte verfügt, sodass ein Verband der österreichisch-ungarischen Marine 1864 zwei Gruppen aus der heimischen Adria in die Nordsee verlegt habe. Am 9. Mai 1864 kam es dann zu einem Gefecht auf der Nordsee: Zwei österreichisch-ungarische Kriegsschiffe, die Fregatten Schwarzenberg und Radetzky, trafen zusammen mit den drei kleineren preußischen Kanonenbooten Preußischer Adler, Basilisk und Blitz südöstlich von Helgoland auf das dänische Geschwader, bestehend aus den drei Fregatten Niels Juel (liegt noch heute als Museumsschiff im dänischen Ostseehafen Ebeltoft bei Aarhus) als Flaggschiff, Heimdal und Jylland. Schließlich kam es zu einem größeren Seegefecht.

„Eine besondere Herausforderung für das im Werden begriffene große Deutsche Reich war der Streit mit dem Königreich Dänemark um das Herzogtum Schleswig.“

77 österreichische wurden gegen 102 dänische Kanonen gefeuert. Auch die preußischen Schiffe, sagt der Stadtführer, seien am Gefecht beteiligt gewesen. „Die hatten gerade zehn Kanonen." Das Gefecht bei Helgoland dauerte zweieinhalb Stunden, von 13.15 Uhr bis 15.45 Uhr. „Die kleineren preußischen Fahrzeuge, die etwas versetzt von den größeren österreichischen Schiffen liefen, konnten etwa 60 Schüsse abfeuern, erhielten aber keine eigenen Treffer", sagt Peter Monte. Das Gefecht zwischen den österreichischen und dänischen Schiffen sei blutig verlaufen: Die Schwarzenberg wurde insgesamt 93 Mal im Rumpf getroffen, es habe 32 Tote, 44 Schwerverwundete und 25 Leichtverwundete gegeben. Die Radetzky kam mit 20 Treffern, fünf Toten, acht Schwer- und 16 Leichtverwundeten etwas besser weg. „Am Ende war der Tod von 51 österreichischen Seeleuten zu beklagen", schildert Peter Monte. Auf dänischer Seite fielen 18 Soldaten, 54 wurden verwundet. Die Schwarzenberg wurde schwer beschädigt, unter anderem brach der vordere Fockmast nach einem dänischen Treffer.

Bei allen Verlusten, bilanziert Peter Monte, habe man ein ausgesprochen wichtiges Ziel erreicht: „Es war gelungen, die dänische Seeblockade zu brechen, und die Dänen zogen sich fortan in die eigenen Nordseegewässer zurück. Der Gefallen und Verwundeten wurde am 11. Mai 1864 gedacht. In einer beeindruckenden Prozession wurden die Toten unter großer Anteilnahme der Cuxhavener vom Hafen zum Ritzebütteler Friedhof gebracht. Dort befindet sich heute ein Denkmal zu Ehren der Gefallenen, das von der Ankerkette der Fregatte Schwarzenberg umrahmt ist. Und von originalen Kanonenkugeln – die bei der Schlacht nicht abgefeuert wurden.

Man kann es sich bereits denken: Die Kanonenkugel am Giebel stammt aus eben jenem Gefecht bei Helgoland, das die Männer das Leben kostete. Aber im Gegensatz zu den Kugeln am Denkmal wurde diese hier abgefeuert. Und: Es handelt sich um eine dänische Kanonenkugel. Die Kugeln, die das Denkmal umgeben, sind österreichische.

„Als nach dem Seegefecht die Küstenbewohner auch am Duhner Strand angetriebene Holzstücke, Kleiderfetzen und Teile der Takelagen von den im Seegefecht beschädigten Schiffen bargen, fischte ein Bauer aus Duhnen einen massiven Balken aus dem Meer", erzählt der einstige Marine-Offizier. „Später stellte sich heraus, dass es sich um eine angekohlte Planke der Fregatte Schwarzenberg handelte." Der unwissende Bauer verwendete sein Fundstück beim Bau seines Hauses, das allerdings 1910 abbrannte. „Als man sie viel später für den Neubau des Hauses zurechtzimmern wollte, fiel die Kugel den Zimmermännern entgegen", sagt Monte. „Sie hatte sich im Holz derart verkapselt, dass man sie bis dahin nicht entdeckt hatte. Der Bauherr ließ die Kanonenkugel dann am Giebel seines Hauses einmauern. Zusammen mit der Inschrift *Fregatte Schwarzenberg* erinnert sie an das Seegefecht vor Helgoland."

Peter Monte hat das Haus entdeckt, in dessen Giebel die Kanonenkugel zu sehen ist.

Eva-Maria Bast

So geht's zur Kanonenkugel:

Sie hängt am Giebel des Hauses Sahlenburger Weg 7.

Hügel

Ruhestand statt Sturmfluten

Im Ringen des Menschen mit und gegen die Natur ist die Küste die Frontlinie. Der Trommelschlag der Gezeiten – Ebbe, Flut, Ebbe, Flut – gibt den Rhythmus vor. Hier, entlang der Deiche, wurden die Geschichten großer menschlicher Triumphe geschrieben, wenn fruchtbares Marschenland dem Wasser abgerungen und Raum für neue Siedlungen gesichert werden konnte. Aber auch die verheerenden Niederlagen, die Sturmfluten, die Menschen Leben, Hab und Gut kosteten, wurden hier ins kollektive Gedächtnis der Küstenbewohner geschrieben.

Diese Dramatik scheint jedoch weit entfernt, wenn man durch den neu geschaffenen Landschaftspark an der Schleuse Altenbruch spaziert. Bäume, Sträucher, ein See und zwei Vogelinseln verkörpern hier Natur und Erholung. Der Leuchtturm Dicke Berta hält Wacht. Und auf dem Deich grasen friedlich die Schafe. Doch inmitten dieser Wasserlandschaft liegt ein Veteran des Kampfs um die Küste, ein Reststück eines der ältesten erhaltenen Deiche. Er wirkt wie ein gewöhnlicher Hügel, nichts deutet auf seine Wichtigkeit hin. Aber weit gefehlt: „Der Hadler Seebandsdeich war einst ein mächtiger Schutzwall am südlichen Elbeufer zwischen Cuxhaven und Belum und hat – mit wenigen Ausnahmen – das Land Hadeln rund 800 Jahre lang vor drohenden Sturmfluten und Überschwemmungen bewahrt", klärt der Cuxhavener Stadtarchäologe Andreas Wendowski-Schünemann auf. „Über Jahrhunderte hinweg war er stolze 19 Kilometer lang, heute sind nur noch diese wenigen Meter erhalten."

Der Hadler Seebandsdeich ist so gut erforscht wie kein zweiter Deich an der deutschen Nordseeküste. Archäologen haben 2008 und 2009 drei Grabungen durchgeführt. „Wir haben mehrere Deichquerschnitte gegraben und konnten anhand derer die Geschichte und die Entwicklung des Hadler Seebandsdeiches von den Anfängen bis heute aufzeigen und nachverfolgen", berichtet Wendowski-Schünemann.

Andreas Wendowski-Schünemann stattet dem Seebandsdeich bei Spaziergängen mit seinem Hund gerne einen Besuch ab.

Zu Beginn seiner Karriere im 12. Jahrhundert hatte der Hadler Seebandsdeich den Forschungsergebnissen zufolge lediglich eine Höhe von 1,50 bis zwei Metern. „Im Laufe seiner Geschichte wurde er aber ständig ausgebaut und den immer höher auflaufenden Sturmflutwasserständen angepasst", sagt der Cuxhavener Stadtarchäologe. „Wir konnten berühmte – oder eher berüchtigte – Sturmfluten wie die Weihnachtsflut 1717 oder die Februarflut 1825 ziemlich genau den Deicherhöhungen zuordnen."

Das Werk des Seebandsdeichs ist getan: Keine Sturmfluten mehr, nur noch die Idylle des Landschaftsparks Altenbruch.

In seiner höchsten Ausbaustufe hatte der Seebandsdeich eine Höhe von rund 6,80 Metern über Normalnull erreicht. Doch auch damit konnte er die schweren Sturmfluten jüngerer Zeit von 1962 und 1976 nur knapp zurückhalten „Gerade die Sturmflut von 1976 – sie erreichte Scheitelhöhen bis 5,27 Meter über Normalnull – hatte gezeigt, dass die bisherige Deichhöhe auf lange Sicht keinen Schutz zu versprechen schien", erläutert der Cuxhavener. „Mehrfach war das Wasser über die Deiche gestürzt und hatte zu erheblichen Schäden geführt."

Damit war das Ende der langen Karriere des Seebandsdeichs besiegelt. In einem landesweiten Deichschutzprogramm der frühen 1980er-Jahre wurden daher alle Landesschutzdeiche vollständig umgestaltet und auf eine Höhe von rund 8,30 Meter über Normalnull gebracht. „Der Hadler Seebandsdeich, damals noch auf seiner kompletten Länge von rund 19 Kilometern erhalten, wurde im Zuge dessen nahezu vollständig abgetragen und völlig neu aufgebaut. Damit war er als historische Quelle der Landesgeschichte endgültig verloren", berichtet der Archäologe. Nur ein kleiner, etwa zwei Kilometer langer Abschnitt des alten Seebandsdeichs – zwischen Grodener und Altenbrucher Schleuse gelegen – blieb damals erhalten, weil die Deichlinie weiter in Richtung Wasser verlegt worden ist.

Doch auch diesem Rest ging es noch an den Kragen. „Der Seebandsdeich war der Erschließung hafennaher Gewerbeflächen für die Produktion und Verladung von Offshore-Windenergieanlagen in Cuxhaven im Weg", resümiert Wendowski-Schünemann. „Wirtschaftlich ist die Ansiedlung neuer Firmen für die Stadt natürlich eine gute Sache. Aber wir als Archäologen waren zum Handeln gezwungen: Ist die Beeinträchtigung oder auch Zerstörung eines Denkmals unausweichlich, dann muss es ausreichend archäologisch erforscht und dokumentiert werden." Beim Hadler Seebandsdeich sei dies mit den Grabungsquerschnitten sehr gut gelungen.

„Nur dieses kleine Stück, keine Hundert Meter lang, konnten wir vom Hadler Seebandsdeich, diesem jahrhundertealten Zeugnis unserer Kulturlandschaft, erhalten."

Aber tatsächlich zu sehen ist nicht mehr viel. Für die Herrichtung der immensen Gewerbefläche musste das gesamte Gelände durch Sandaufspülung um gut eineinhalb Meter erhöht werden. „Nur dieses kleine Stück, keine Hundert Meter lang, konnten wir vom Hadler Seebandsdeich, diesem jahrhundertealten Zeugnis unserer Kulturlandschaft, erhalten", sagt Wendowski-Schünemann. Und hier, inmitten der Idylle an der Altenbrucher Schleuse, darf der Veteran jetzt seinen Lebensabend genießen. Sein Werk, den Schutz der Menschen an der Küste, hat er getan – 800 Jahre lang.

Marc-Alexander Wagner

So geht's zum Hügel:

Der Rest des Hadler Seebandsdeichs liegt im Landschaftspark direkt an der Schleuse Altenbruch. Diese ist weiträumig ausgeschildert.

Schiff unter Balkon – dahinter steckt eine spannende Geschichte.

27

Balkon

Warum ein Schiff von unten spannend ist

Legt man den Kopf in den Nacken und schaut hinauf, kann man die interessantesten Dinge entdecken. So auch, wenn man das Wohn- und Geschäftshaus in der Deichstraße 24 verlässt. Blickt man beim Hinausgehen nach oben, sieht man ein wunderschönes Schiff, das an die Unterseite des Balkons modelliert ist und ausgemalt wurde. Mehr darüber weiß Gästeführer Peter Monte, der sich in der Stadt auskennt wie in seiner Westentasche – und als ehemaliger Marineoffizier besonders gut mit Ereignissen rund um die Seefahrt. „Das ist das Bufe'sche Haus", sagt er. „Und bei dem Schiff handelt es sich um eine Modellierung der Europa."

Möglicherweise stamme die Abbildung von Anton Melbye (1818-1875), einem der wichtigsten „Seemaler" des 19. Jahrhunderts aus Dänemark. Der Sohn des Zollbeamten Jakob Melbye liebte das Meer, für eine eigene Seemannskarriere aber waren seine Augen zu schlecht. So absolvierte Melbye eine Lehre als Schiffbauer und studierte dann

Malerei an der Königlich Dänischen Kunstakademie in Kopenhagen. Außerdem erhielt er Privatunterricht bei dem bedeutenden Maler Christoffer Wilhelm Eckersberg (1783-1853). Im Anschluss an sein Studium reiste Melbye viel, auch nach Marokko und in die Türkei. Elf Jahre, von 1847 bis 1858, hielt er sich in Paris auf, wo ihm Kaiser Napoleon III. (1808-1873) höchstselbst den Auftrag für ein großes Gemälde erteilte. 1862 wurde er Professor an der Kopenhagener Akademie. „Vor allem in den 1860er-Jahren bereiste Melbye auch das Elbmündungsgebiet", erzählt Peter Monte. „In Cuxhaven wohnte er im Hotel Belvedere am Hafen." Auch auf Helgoland hielt er sich in jenen Jahren auf. „1866 entstand sein berühmtes Bild von der Fregatte Jylland, die am Seegefecht vom 9. Mai 1864 zwischen dänischen, österreichisch-ungarischen sowie preußischen Kriegsschiffen im deutsch-dänischen Krieg beteiligt war", erklärt Peter Monte.

„Anton Melbye war ein sehr begabter Maler, er gilt als Lehrmeister des französischen Impressionisten Camille Pissarro, der bei ihm in Paris studierte", verdeutlicht Peter Monte. „Melbyes Bilder sind tonig gemalt, stimmungsvoll und kontrastreich komponiert." Gerne habe der Künstler Küstenszenen, historische Schlachten, dramatische Schiffsszenen und das Wasser dargestellt. „In seinen letzten Lebensjahren trat er mit virtuos gemalten Kohlezeichnungen hervor." Dass er es war, der einen Seitenriss der Europa an der Unterseite des Balkons in der Cuxhavener Deichstraße modellierte, sei durchaus möglich, aber nicht zu Hundert Prozent gesichert, erklärt Monte, der die Daten der Europa als ehemaliges Marine-Mitglied genau kennt: „Sie wurde für den Hamburger Reeder P. Siemsen gebaut", sagt er. „Mit ihren 53 Metern Länge war sie 1855 nach dem Vollschiff Möwe der bislang größte Bau eines Schiffes auf der Bufe-Werft."

Allerdings habe das Schiff die Werft, die zwischen ihrer Gründung 1821 und dem Jahr 1854 exakt 18 größere Schiffe baute und zahlreiche reparierte, finanziell überfordert, sodass sie am 20. Juni 1855 schließen musste. Nur vorübergehend allerdings: Der Sohn des Werftbesitzers, August Bufe, wagte einen Neuanfang und führte sie weiter. „August starb aber bereits 1895, gerade 46 Jahre alt geworden", erzählt Monte. Doch es ging gut zu Ende – zwar nicht für August Bufe, aber für die Werft: „Seine Witwe verkaufte sie 1904 an Franz Mützelfeld, der

Peter Monte präsentiert: die Europa.

das Unternehmen zu Cuxhavens größter und heute noch einzig verbliebener Werft ausbaute."

August Bufe war es auch, der in dem Haus mit dem Balkon der Europa wohnte – später lebte hier auch Werftbesitzer Franz Mützelfeld. „Dieses einstöckige, zunächst nur als Wohnhaus konzipierte Haus, schräg gegenüber der damaligen Bufe-Werft – seit 1988 durch eine Marine-Anlage überbaut –, verkörpert den Ausklang des Spätklassizismus in der Gestaltung der Häuser von Wohlhabenden in Cuxhaven", gerät Monte ein bisschen ins Schwärmen. „Leider wurden nach dem Ersten Weltkrieg die ehemals mächtigen Türflanken entfernt. Sie mussten dem Verkehr und der Verbreiterung der Deichstraße weichen."

Aber das Schiff unter dem Balkon kündet noch von stürmischen Zeiten in Cuxhaven. Gut möglich, dass es wie eine Art Damoklesschwert immer daran erinnern sollte, dass selbst das erfolgreichste Unternehmen in Schieflage geraten kann, wenn es sich übernimmt. Wie die Werft mit dem Bau der Europa.

Eva-Maria Bast

So geht's zum Balkon:

Er hängt in der Deichstraße 24 über dem Eingang. An der Unterseite des Balkons befindet sich das Schiff.

Totenschädel, Kanonenkugeln und fremdartige Tierknochen hingen an dieser Mauerwand.

28

Mauer

Kuriositäten aus fernen Ländern

Herzlich willkommen im Museum! Zugegeben: Wir befinden uns unter freiem Himmel am Eingang zum Schlosspark Ritzebüttel bei der Martinskirche. Und vor uns liegt wenig mehr als eine blanke Mauer mit einem äußerst schmalen Ziegeldach. Doch diese bescheidene Mauer war der Ort des ersten Museums Cuxhavens, dicht an dicht hingen dort im 19. Jahrhundert fremdartige und kuriose Ausstellungsstücke. Wohlwissend, dass es heutigen Ansprüchen an ein Museum kaum genügen würde, nennt es der kundige Volksmund nur das Ulk-Museum. Eingerichtet wurde es um das Jahr 1852 vom Ritzebütteler Armenkollegium.

Die ersten Ausstellungsstücke brachten Polizeisergeant Wenzel Langer und dessen Sohn von Seefahrten mit. Langer verrichtete seinen Dienst nur wenige Meter weiter im heute als Gärtnerhaus bekannten Offiziershaus, wo er auch wohnte. 1849 verstarb der Hauptpolizist, zu Ostern 1850 stiftete die Witwe Langer die Mitbringsel ihres verstorbenen Gatten dem Armenkollegium. Dieses wollte daraus eine öffentlich zugängliche Sammlung machen an jener gemauerten Stützwand des heute nicht mehr vorhandenen Gewächshauses. Dem Wunsch gab Dr. Caspar Hartung (1795-1863), der von 1852 bis 1858 amtierende Hamburgische Amtmann in Ritzebüttel, nur unter einer Bedingung statt: Er behielt sich das Recht vor, das Freilicht-Museum jederzeit wieder entfernen zu dürfen.

Eintritt mussten Besucher an solch öffentlicher Stelle natürlich nicht zahlen. Aber das Armenkollegium hoffte dennoch auf die eine oder andere klingende Münze in der aufgestellten Sammelbüchse zu Gunsten der örtlichen Armeneinrichtungen. Die Ausstellung selbst war indes mehr Kuriositätenkabinett als Museum: Ausgestopfte Tiere, Tierknochen und Waffen von Naturvölkern umwehte der Hauch ferner Länder. Kanonenkugeln und Schiffsketten erzählten vom Abenteuer der Seefahrt. Selbstredend war auch Klaus Störtebeker (um 1360- 1401), der berühmte Pirat aus dem 14. Jahrhundert, vertreten: Seine Schatzkiste und seinen Totenschädel – jener gleich in mehreren Größen und Altersstufen – soll die seltsame Sammlung beherbergt haben.

Die Cuxhavener fanden viel Gefallen an dem kuriosen Museum, einige wohl sogar zu viel. Immer wieder wurden einzelne Ausstellungsstücke entwendet. Den übrig gebliebenen Exponaten setzte das norddeutsche Wetter stark zu — die schmale Überdachung bot kaum Schutz. Zwar versuchte das Armenkollegium, die Ausstellung mit immer neuen Stücken am Leben zu erhalten, doch im Frühling des Jahres 1911 hatte der Spaß ein Ende. Das erste Cuxhavener Museum war Geschichte. Die Überreste der Sammlung wurden vom Armenkollegium verkauft.

Im April 1933 wurde an der Stelle des ehemaligen Museums der Brockesbrunnen zu Ehren von Barthold Heinrich Brockes (1680-1747) mit einem Bronzerelief des Amtmannes und Dichters enthüllt.

Marc-Alexander Wagner

So geht's zur Mauer:

Zwischen Martinskirche und Südersteinstraße liegt ein Zugang zum Schlosspark Ritzebüttel. Nach wenigen Metern findet sich zur Linken das ehemalige Ulk-Museum, der heutige Brockesbrunnen.

Auf dem Galgenberg gibt es für Andreas Wendowski-Schünemann noch viel zu erforschen.

29

Galgenberg

Stätte des Todes

Jeder Ast wirkt wie ein verhängnisvoller Galgen, die Temperatur scheint um einige Grad kühler. So viel ist sicher: Mit allzu lebhafter Phantasie sollte man diesen Hügel bei Cuxhaven-Sahlenburg tunlichst meiden. Der Galgenberg – nomen est omen – vereint an einem Ort Tod und Hinrichtung, Kult und Gräber aus mehreren Jahrtausenden.

Andreas Wendowski-Schünemann sieht die Sache professioneller mit dem Blick des Cuxhavener Stadtarchäologen, aber durchaus mit Begeisterung: „Auf und um den Galgenberg herum wurden von der Jungsteinzeit ausgehend über die Bronzezeit und die Jahrhunderte vor und nach Christus Grabstellen und Friedhöfe angelegt. Das gibt es an keiner anderen Stelle in Deutschland so geballt wie hier“, schwärmt er. Der Galgenberg sei damit „ein bedeutendes vorgeschichtliches Denkmal unserer Stadt“.

Dessen Ursprung liegt vor etwa 4000 bis 3500 Jahren, als die ersten Grabhügel mit Bestattungsplätzen angelegt wurden. „Es hat also damals erstmals eine Gemeinschaft von Menschen in Sahlenburg gegeben, die an dieser Stelle ihre Verstorbenen bestatten wollten“, erläutert Wendowski-Schünemann. Drei Grabhügel sind aus dieser ausgehenden Jungsteinzeit und beginnenden Bronzezeit noch erhalten. „Ursprünglich waren es aber mit Sicherheit mehr“, spricht der Archäologe von einem umfangreichen Grabhügelfeld. Nach und nach seien einige Begräbnisstätten zu einem großen Grabhügel, dem Kern des heutigen Galgenbergs, zusammengelegt worden.

„Die Richtstätte des Amtes Ritzebüttel wurde im Jahr 1695 hierher auf den Galgenberg verlegt.“

Die Stätte blieb aber auch über die folgenden Jahrtausende hinweg eine Stätte der Toten. Im Umkreis von nicht einmal 300 Metern um den Galgenberg herum seien im Rahmen archäologischer Untersuchungen zahlreiche Friedhöfe der vorrömischen Eisenzeit (5. bis 1. Jahrhundert v. Chr.), der römischen Kaiser- und Völkerwanderungszeit (1. bis 5. Jahrhundert n. Chr.) sowie aus dem frühen Mittelalter (7. und 8. Jahrhundert) entdeckt worden, berichtet der Stadtarchäologe. Was zwischen diesen Epochen auf und um den Galgenberg geschah, lässt sich nicht mit Gewissheit sagen. „Da das Gelände aber nur in Teilen ausgegraben worden ist, kann nicht ausgeschlossen werden, dass sich noch viele weitere Grabanlagen in den noch nicht untersuchten Bereichen befinden“, merkt Wendowski-Schünemann an.

Aber schon jetzt veranschaulicht der Galgenberg den Wandel der Bestattungsrituale im Lauf der Geschichte. Den älteren Erdhügeln aus der Bronzezeit gemeinsam ist, dass in ihrem Inneren Steine gesetzt waren. „Die Konstruktionen dienten hier wohl als Stütze für Baumsärge. Das sind Baumstämme, die längs gespalten und ausgehöhlt wurden“, erläutert der Archäologe. Schon bis zum Ende der älteren Bronzezeit (um 1200 v. Chr.) änderte sich die Bestattungssitte, wie zahlreiche Funde im Mantel und der Umgebung des Galgenbergs zeigen: Die Verstorbenen wurden verbrannt und ihre Asche in Urnen beigesetzt.

Diese Art der Brandbestattung blieb auch in der vorrömischen Eisenzeit bis zu den Völkerwanderungen hin die vorherrschende Mode: Fast 200 Urnen wurden am Galgenberg aus der Zeit vom 5. vorchristlichen bis zum 5. nachchristlichen Jahrhundert gefunden. Aus dem Ende dieser Periode sind aber auch 34 Körpergräber ausgegraben worden. „Urnenbestattungen und die Beisetzung des unverbrannten Leichnams, also Körperbestattungen, erfolgten etwa zwei Jahrhunderte lang nebeneinander auf demselben Friedhofsareal", erklärt Wendowski-Schünemann.

„Die Beigaben in den Körpergräbern waren gewöhnlich zahlreicher, und da sie nicht mit dem Feuer in Berührung kamen, besser erhalten als jene in den Urnengräbern", betont er. Den Frauen legten die Hinterbliebenen verschieden gestaltete Gewandspangen, Perlenketten und Ringe mit ins Grab. Männern wurden manchmal auch ihre Waffen – Schwert, Axt oder Lanze – mitgegeben.

Beim Gräberfeld direkt nördlich des Galgenbergs aus dem 7. und 8. Jahrhundert war der Wandel zum Körpergrab schließlich komplett vollzogen, aber es zeigt auch den Übergang zum christlichen Glauben. Die Leichname der einen Hälfte waren noch Süd-Nord ausgerichtet und hatten Beigaben im Grab. Es wurden dort auch Pferde bestattet, in einem Fall sogar ein Reiter mit seinem Pferd. „Diese Gräber sind eindeutig dem heidnischen Totenkult zuzuschreiben", folgert Wendowski-Schünemann. Die andere Hälfte des Gräberfelds ist hingegen vermutlich schon christlichen Ursprungs: Die Gräber sind beigabenlos und so ausgerichtet, dass die Gesichter der Verstorbenen nach Osten blickten. Dort im Osten erwarte die Verstorbenen am Jüngsten Tag die Wiederkunft Jesu Christi. „Die christlichen Grabstellen des ausgehenden 8. Jahrhunderts sind dann auch die letzten Gräber in der Umgebung des Galgenberges", merkt Andreas Wendowski-Schünemann an. Die Kirch- und Friedhöfe der Umgebung haben den Galgenberg als Ruhestätte abgelöst.

Aber trotzdem kehrte keine Ruhe in Sahlenburg ein. „Der ursprüngliche Grabhügel, also der Galgenberg, wurde in den folgenden Jahrhunderten des Mittelalters zu einer Turmburg ausgebaut, indem man ihn aufschüttete, um ein Plateau erhöhte und mit einem mächtigen Wall und Trockengraben umgab", erzählt der Stadtarchäologe. Vermutlich habe auf dem Plateau als Befestigungsanlage ein Holzturm gestanden. Doch wer hat ihn wann und wie erbaut? Viele Fragen rund um diese mittelalterliche Ausbauphase liegen im Dunkel der Geschichte. Noch – Andreas Wendowski-Schünemann hat schon weitere Grabungen am Galgenberg geplant.

Im 17. Jahrhundert wurde aus der Stätte der Toten schließlich auch eine Stätte des Todes: Hier wurde Menschen hingerichtet. „Die Richtstätte des Amtes Ritzebüttel wurde im Jahr 1695 hierher auf den Galgenberg verlegt. Daher trägt dieser Ort, der lange nur als Berg von Sahlenburg bezeichnet wurde, heute den Namen Galgenberg", erzählt Andreas Wendowski-Schünemann.

Glauben wir den gewissenhaften, detaillierten Chroniken im Gedenkbuch des Hamburgischen Amtes Ritzebüttel (1852) von Johann Jaspar Guillaum Caspar Grandauer (1808-1874) blieb die Zahl der hingerichteten Delinquenten in Sahlenburg im einstelligen Bereich. Die erste Todesstrafe zu Sahlenburg, die der Chronist verzeichnet, wird 1710 für eine Straftat am 24. Dezember 1709 verhängt. Laut Grandauer wurde die 80-jährige Ehefrau des Paul Wohlers „von ihrem früheren Dienstmädchen, Margaretha Schröder, mörderisch überfallen und beraubt. Die alte Frau lebte noch 4 Tage. Die Thäterin hatte sich mit ihrer, circa 600 Mk. werthen Beute nach Hamburg begeben; am 21. Januar 1710 wurde sie zurücktransportirt und am 5. Juni hieselbst enthauptet".

Oben auf dem Plateau des Galgenbergs stand im Mittelalter eine Befestigungsanlage.

Die bevorzugte Art der Hinrichtung war nicht etwa das Erhängen am Galgen, wie man ob des Namens wohl vermuten könnte, sondern die Enthauptung durch das Richtschwert. Als wäre das nicht genug, wurden die Köpfe danach auf Pfähle aufgespießt und die Körper aufs Rad gespannt, also gerädert. Diese Todesstrafe traf auf dem Galgenberg zuerst nur Mörder. So wurden am 28. Oktober 1712 zwei Eheleute geköpft, die einen bei ihnen übernachtenden Leinwandhändler beraubt und ermordet hatten. Am 30. März 1772 wurde Anna Margaretha Carstens aus Bremerlehe enthauptet, wobei der Scharfrichter zwei Hiebe benötigte, um den Kopf vom Rumpf zu trennen. Grandauer beschreibt ihr Verbrechen: „Sie hatte die Frau Rebecca Ehrenburg, geb. Frisch, Wittwe der Brauers Gerdt Ehrenburg, in der Nordersteinstraße zu Ritzebüttel wohnhaft, bei welcher sie diente, mit einem Beil und einem Messer ermordet." Den Hingerichteten blieb eine Bestattung auf Kirch- und Friedhöfen verwehrt. Es wird vermutet, dass sie auf oder nahe dem Galgenberg verscharrt wurden.

„Das gibt es an keiner anderen Stelle in Deutschland so geballt wie hier."

Im 19. Jahrhundert wurden dann auch Diebe, um genau zu sein drei Mitglieder einer Diebesbande, mit dem Tode bestraft. Die letzte Hinrichtung verzeichnet der Chronist Grandauer am 15. Februar 1819: „Es wurde Johann Diedrich Brockmann aus Flögeln zu Sahlenburg enthauptet; er hatte zu der bekannten Diebesbande gehört, und war hier vor zwei Jahren aus dem Gefängnis entsprungen." Seit diesem Tage hat der Galgenberg – so weit wir wissen – weder Tod noch Tote gesehen. Möge es so bleiben.

Marc-Alexander Wagner

So geht's zum Galgenberg:

Von Cuxhaven kommend hinter dem Ortseingang Sahlenburg rechts in den Karl-Waller-Weg einbiegen. Nach etwa 300 Metern liegt zur Linken das Galgenberggelände.

Wie im Jahre 1587 peilt Andreas Wendowski-Schünemann den Grenzverlauf von Land Wursten und Amt Ritzebüttel an.

30

Grenzstein

Links Bremen, rechts Hamburg

Kilometerweit, so weit das Auge reicht, zieht die beruhigende Idylle der Salzwiesen, des Wattenmeers und der Nordsee den Blick auf sich. Ausgerechnet hier, wo die Natur nur grenzenlose Weite kennt, haben sich erbitterte Grenzstreitigkeiten zugetragen. Daran erinnert in den Dünen bei Cuxhaven-Berensch ein alter Grenzstein von 1587, der heute fast ringsum von einem Kratteichenwald umwachsen und nicht mehr so leicht zu finden ist.

„In dieser Gegend verlief im ausgehenden Mittelalter und in der Neuzeit die Landesgrenze zwischen dem Land Wursten, also dem Erzstift Bremen, und dem hamburgischen Amt Ritzebüttel", erklärt der Cuxhavener Stadtarchäologe Andreas Wendowski-Schünemann. „Als natürliche Grenze wurde oft der Oxstedter Bach herangezogen", berichtet er. „Doch im weiten Vorland und im Wattgebiet blieb die Zuständigkeit beinahe zweihundert Jahre lang unklar."

Wie bei vielen Streitigkeiten ging es um Einfluss und das liebe Geld. „Vor allem die Bergung gestrandeter Schiffe war ein einträgliches und nicht seltenes Geschäft“, erläutert Wendowski-Schünemann. Aber auch das riesige neu gewonnene Weidevorland beanspruchten beide Seiten gerne für sich. „Im Jahr 1586 handelten Bremen und Hamburg endlich ein Abkommen aus: den sogenannten Buxtehuder Rezess“, erzählt der Stadtarchäologe weiter. „Im Hinterland wurde der Oxstedter Bach als natürliche Grenze bestätigt. Im Vorland und Watt sollte eine künstliche Grenze die Ansprüche klären.“

In der Praxis sah dies wie folgt aus: 1587 wurde ein Grenzstein bei Berensch errichtet. Er wird oft auch als Schedellstein bezeichnet in Anlehnung an die Grenzscheide. Darauf war damals eine Peilvorrichtung samt Kompassrose, angebracht, die in Richtung Nordwest zu West über die Mündung des Oxstedter Bachs auf den vorgelagerten Robbensand zielte. „Diese Sichtlinie sollte die Grenze bilden, zur Linken lag Wurster, zur Rechten Ritzebütteler Gebiet“, beschreibt Wendowski-Schünemann. Das spiegelte sich auch auf dem Grenzstein wieder: „Auf seiner Südseite ist der Bremer Schlüssel abgebildet und auf der Nordseite das Hamburger Tor.“

Doch die Konflikte um Bergungsrechte zwischen Bremen und Hamburg dauerten an. Ihnen fiel wohl auch der Aufsatz des Grenzsteins mit Peilvorrichtung und Kompassrose zum Opfer. Erst ein zweiter Stein weiter im Vorland, der nach Verhandlungen in Stade 1692 als Gegenstück zum ersten errichtet wurde, brachte langsam Ruhe an die imaginäre Grenze – auch wenn in Einzelfällen noch bis ins 19. Jahrhundert lang Grenzstreitigkeiten überliefert sind.

Marc-Alexander Wagner

So geht's zum Grenzstein:

Cuxhaven-Berensch nach Süden auf der Spieka-Neufelder-Straße verlassen. Nach rund einem Kilometer kommt ein Parkplatz, links der Infotafel beginnt ein Gehweg, der an dem kleinen Eichenwald entlangführt. Nach weiteren 250 Metern steht der Grenzstein am Waldesrand.

Ankerhaken

Fürstliche Residenzen für Kapitäne

Welch edles Viertel, mag sich denken, wer in die Hamburg-Amerika-Straße einbiegt. In schmucken Gärten steht eine hübsche Villa neben der anderen. Das Haus Nummer 6 fällt wegen seiner Zierelemente besonders ins Auge: An der Fassade befindet sich eine Ziermauerei, die sich bei näherem Hinsehen als Hamburg-Wappen erkennen lässt. Betrachtet man die Häuser genauer, fällt auf, dass an das Haus schräg gegenüber in ähnlichem Stil ein Anker angemauert ist. Was hat es mit diesem Bauschmuck auf sich?

„Das hier", sagt Peter Monte, „sind die sogenannten Kapitänshäuser". Um ihre Geschichte zu erzählen und zu erklären, warum der Anker und vor allem das Hamburg-Wappen an zwei der Häuser angebracht sind, muss der ehemalige Marine-Offizier etwas weiter ausholen: „Die Hamburg-Amerikanische Packetfahrt-Actien-Gesellschaft (HAPAG) und ihr Direktor Albert Ballin hatten besonders in der Zeit vor dem Ersten Weltkrieg eine große Bedeutung für die Entwicklung Cuxhavens", stellt Monte fest. „Damals kam es zum Bau eines ganzen Hafens, neuen Anlegestellen und Abfertigungsanlagen für die Passagierschifffahrt in Cuxhaven", beginnt der geschichtskundige Cuxhavener zu erzählen. Außerdem wurde die moderne Fischwirtschaft aufgebaut und zahlreiche Wohnungen und Häuser errichtet.

Die Passagierschifffahrt von Cuxhaven aus sei ohne die Namen Hapag und Albert Ballin undenkbar. Cuxhaven – ursprünglich das Amt Ritzebüttel – war damals gewissermaßen der vorgelagerte Teil des Hamburg Hafens und stand von 1394 bis 1937 sogar unter hamburgischer Verwaltung, war also über 500 Jahre ein Teil von Hamburg „Der große Reeder Albert Ballin war in den für den Ausbau des Cuxhavener Passagierhafens so wichtigen Jahren Direktor in der Hapag", sagt Monte. „Ballin war seit 1886 Leiter der Passagierfahrt-Abteilung und wurde 1899 Generaldirektor der Reederei, die er zur damals größten

Der Anker in der Hamburg-Amerika-Straße.

der Welt ausbaute." Die Hapag profitierte von der in der zweiten Hälfte des 19. Jahrhundert anschwellenden Auswanderbewegung aus Europa in das aufstrebende Nordamerika. „Allein über Hamburg sind zwischen 1850 und 1939 rund fünf Millionen Menschen ausgewandert, viele davon über den Hamburger Vorhafen Cuxhaven." Durch den Bau von Zwischendecks für Auswanderer auf den großen Transatlantik-Schiffen habe Albert Ballin den Einfluss der Hapag auf dieses Geschäft verstärkt: Nun konnten auf seinen Schiffen wesentlich mehr Personen befördert werden. Und: „Er führte ab 1887 einen regelmäßigen Schnelldienst zwischen Hamburg und New York ein."

Das Hamburg-Wappen am Polizeigebäude.

Doch zurück nach Cuxhaven: Nicht nur der Ausbau einer Pier- und Passagierabfertigungsanlage, seit den 1930er-Jahren als Steubenhöft bezeichnet, sowie eines zugehörigen Hafenteils, dem heutigen Amerikahafen, zu einem modernen Hafenkomplex geht auf Ballins Initiative zurück. Der Reeder ist auch einer der Gründer der Cuxhavener Hochseefischerei AG und des Cuxhavener Seefischmarktes. Er zählt mit zu den Ersten, die für ihre Angestellten Wohnhäuser und Sozialeinrichtungen bauen ließen, als die Hapag 1890 den Entschluss fasste, ihren Schnelldampferbetrieb nach Cuxhaven zu verlegen. „Da die Schiffsbesatzungen die Möglichkeit haben sollten, in Cuxhaven zu wohnen, wurde ein umfangreiches Siedlungsprogramm angestoßen", erklärt Monte die Motive. Das Bauprogramm umfasste den ehrgeizigen Plan, innerhalb von fünf Jahren insgesamt 500 Häuser zu errichten. Genauer: 100 Villen für Kapitäne, Schiffsoffiziere, Zahlmeister und Beamte sowie 400 Häuser für Arbeiter der Hapag. „Zum Bau von Häusern und Unterkünften für Hapag-Personal wurden 1896/97 in der Nähe des Bahnhofs sowie in den Ortsteilen Döse und Groden zusammenhängende Grundstücke angekauft", erzählt Peter Monte. „So wurden zum Beispiel in Döse an der damaligen Huldastraße und Hamburger Straße ab 1897 die ersten fünf Häuser gebaut, die heute als Kapitänshäuser bezeichnet werden." Zur Zierde und zur Erinnerung daran, dass die Häuser für Seeleute errichtet wurden, brachte man an einem der Gebäude einen Anker aus Mauersteinen an. Und weil Cuxhaven eben zu Hamburg gehörte, lag die Verzierung mit dem Hamburger Wappen, das sich übrigens noch an vielen alten Häusern befindet, nahe.

Die neu entstandenen Straßen wurden 1910 nach der Hapag in Hamburg-Amerika-Straße umbenannt; die zeitgleich entstandene, parallel verlaufende Straße erhielt den Namen Predöhlstraße – nach Dr. Max Predöhl, der Hamburger Bürgermeister und von 1910 bis 1919 sogenannter Landherr von Cuxhaven war, wie Peter Monte sagt.

Nach einigen weiteren Bauprojekten wurde das Programm aber vorzeitig eingestellt. Dafür gab es mehrere Gründe, berichtet Monte. Unter anderem wurde die Verlegung des Heimathafens der großen Hapag-Passagierschiffe wegen der Verschlickung des Neuen Hafens zunächst abgebrochen. „Der umgebaute Anlegehöft am Neuen Hafen, das spätere Steubenhöft, erlaubte erst ab März 1913 die Abfertigung der neuen Schiffe, und die großen Schiffe gingen wieder auf die Reede vor Brunsbüttel."

Vor allem aber sei die Rechnung nicht aufgegangen, dass in die Villen in der Hamburg-Amerika-Straße und Predöhlstraße Kapitäne einzogen. „Die Kapitäne ließen sich anderswo nieder, weshalb schon im Januar 1889 Marineoffiziere und Hamburger Staatsbeamte befristet bis zunächst 1901 die Kapitänshäuser beziehen durften." Insofern sei der Name Kapitänshäuser nicht wirklich zutreffend. „Wenn man aber berücksichtigt, dass jeder Lotse zuvor als Kapitän gefahren sein muss und wir in der Hamburg-Amerika-Straße und der Predöhlstraße zahlreiche Lotsen als Bewohner erlebt haben und immer noch erleben, können wir hier getrost von einem Viertel mit zahlreichen Kapitänsvillen sprechen", fügt Monte schmunzelnd hinzu.

„Cuxhaven war damals gewissermaßen der Hafen Hamburgs und stand somit unter hamburgischer Verwaltung."

Ein kleines, aber schönes Detail am Rande: Die Predöhlstraße und Hamburg-Amerika-Straße bewegen sich an ihren Anfängen und Enden aufeinander zu. Das hat einen bestimmten Grund: „Aus der Luft betrachtet bilden sie ein Schiff, das Richtung Meer zeigt", sagt Monte.

„Die Straße vermittelt einen repräsentativen Eindruck und demonstriert noch heute den neuen Wohlstand des gehobenen Bürgertums der späten Kaiserzeit", fasst der Cuxhavener die Bedeutung der Straße zusammen. Allerdings datiere die Mehrzahl der Häuser in den beiden Straßen aus den 1920er- und 30er-Jahren.

Das Haus Nummer 6, an dem sich das Hamburg-Wappen befindet, gehört tatsächlich zu den ersten fünf Häusern des Hapag-Bauprogramms 1897/98. „Es hat zwei Eingänge", stellt Peter Monte fest. „Es wurde für einen höheren Beamten gebaut, er sollte auf der rechten Seite wohnen, der Sohn links, aber mit einer Innenverbindung." Immer wieder begeistert ist Monte auch von dem schmucken Tudor-Giebel. Und natürlich vom Hamburger Stadtwappen über den unteren Fenstern an der Straßenfront.

Eva-Maria Bast

So geht's zum Ankerhaken:

Er befindet sich in der Hamburg-Amerika-Straße am Haus Nummer 7. Schräg gegenüber, am Haus mit der Nummer 6, ist ein Hamburg-Wappen zu bewundern. Hamburg-Wappen finden sich in der Stadt noch an verschiedenen anderen Stellen, zum Beispiel an der Dienststelle der Polizei.

Peter Monte steht auf den alten Brückenresten.

32

Brückenreste

Drei Wochen kurzes Straßenbahnglück

Sie sind schwer zu entdecken, die großen Steinelemente, die am Weg hinter dem Deich in der Wiese liegen. Die Natur hat sich ihrer bemächtigt, überwachsen von hohen Gräsern sind die Mauerreste heute kaum noch zu sehen. Bemerkt man sie aber doch, schenkt man ihnen wohl kaum einen zweiten Blick oder denkt näher über sie nach – schließlich sehen die alten Steine nicht sonderlich spektakulär aus. Doch sie sind es. Sehr sogar. Peter Monte weiß, warum: „Das sind Überbleibsel einer Brücke, die über den kleinen Bach Wettern führte und auf der Bahngleise verliefen", erklärt er.

Eine Eisenbahn? Hier? „Ja", bestätigt der Gästeführer. „Um die Transportwege zu den Marinefestungsanlagen entlang der heutigen Grimmershörn-Bucht und dem Fort Kugelbake zu erleichtern, wurde 1889 in der Verlängerung der Eisenbahnlinie Harburg-Cuxhaven ein Bahngleis bis zum Fort Kugelbake verlegt, benannt nach der in der

Nähe auf einer Landspitze am Wasser stehenden Kugelbake, dem berühmten Seezeichen und heutigen Stadtwappen von Cuxhaven, welches auch die Trennlinie zwischen der Elbe und der Nordsee markiert."

Dank dieser Steine konnte die Kanonenbahn den kleinen Bach queren.

Aufgabe der Forts war, Cuxhaven vor feindlichen Schiffen zu schützen. Das fünf Hektar große Fort Kugelbake, welches heute noch erhalten ist und wie das US-Verteidigungsministerium in Washington D.C. eine fünfeckige Form hat (auch Cuxhaven hat damit ein Pentagon), verfügte zur Seeseite hin über einen Kanonenwall. Zehn Offiziere und 446 Unteroffiziere und Mannschaften waren hier regelmäßig im Einsatz.

Doch zurück zur Geschichte der sogenannten Militär-Verbindungsbahn, die im Volksmund auch Kanonenbahn genannt wurde. „Sie unterstand der Kaiserlichen Marine und war etwa fünf Kilometer lang", sagt der Cuxhaven-Kenner, der ihren Streckenverlauf genau recherchiert hat. „Die Bahn führte vom Bahnhof durch die heutige Innenstadt auf den Weg hinter dem Deich und zwar auf Höhe der heutigen katholischen Herz-Jesu-Kirche, der 1899 erbauten ehemaligen katholischen Garnisonskirche", sagt er. „Die Strecke endete am Fort Kugelbake."

1914 schloss die Stadt einen Benutzervertrag mit der Marineverwaltung. Das Ziel: Auch Bürger sollten mitfahren können. „Cuxhaven kaufte von der ‚Continentale Eisenbahn- und Betriebsgesellschaft Berlin' drei dieselelektrische Triebwagen und ließ bei der ‚Straßen-Eisenbahngesellschaft Hamburg' zwei Beiwagen dazu bauen", erzählt Peter Monte die Geschichte weiter. Nun sollten auf der Bahnstrecke nicht nur militärische Güter für das Fort transportiert werden, sondern auch zivile Passagiere mitfahren können.

Auf der Linie vom Bahnhof Cuxhaven bis zur Endstation beim Fort Kugelbake gab es elf Stationen, eine davon am Deich nahe der Brückenreste, dann an der Adolfstraße, der Höpckestraße, am Prinzessinnentrift und bei der Mörserbatterie Grimmershörn, etwa in

Höhe des heutigen Neptunbades. „Die Bahn wurde überragend angenommen, und es gab einen regelrechten Passagieransturm. Es werden Zahlen von 1.600 Fahrgästen pro Tag genannt", schildert Peter Monte. „Der Zug fuhr alle 20 Minuten bei einer Fahrtzeit von zwölf Minuten und zu einem Fahrpreis von 30 Pfennig für die ganze und zehn Pfennig für die Teilstrecke", sagt der Heimatkenner. Fahren konnten die Gäste zwischen 6 Uhr und 22 Uhr, die Triebwagen verfügten über 23 Sitz- und neun Stehplätze, die Beiwagen über 18 Sitz- und 17 Stehplätze. „Ein Straßenbahnzug bestand zumeist aus einem Triebwagen und einem Beiwagen", erklärt Monte.

„Die Bahn unterstand der Kaiserlichen Marine und war etwa fünf Kilometer lang."

Allzu lange konnten sich die Cuxhavener allerdings nicht an der am 6. Juli 1914 eingeweihten neuen Errungenschaft freuen: „Nach gut drei Wochen musste der zivile Straßenbahnbetrieb wegen Ausbruchs des Ersten Weltkriegs 1914 eingestellt werden." Nach dem Krieg reaktivierte man die Bahn nicht wieder, die Gleise wurden im Laufe der Zeit demontiert. Die kleine Brücke über dem Bach ließ sich jedoch nicht so leicht entfernen. Zum Glück – denn so gibt es in Cuxhaven heute noch etwas, das an die dreiwöchige Straßenbahn erinnert.

Eva-Maria Bast

So geht's zu den Brückenresten:

Sie befinden sich in der Straße Am Seedeich ein paar Meter westlich der Einmündung in den Deichtrift.

Im Vergleich zum Rest des gepflegten und prächtigen Schlossparks wirkt der geheime Eingang wie aus einer anderen Welt.

33

Geheimgang

Vor neugierigen Blicken verborgen

Wer Geheimnisse sammelt, kommt um einen Geheimgang wohl nicht herum. Einen solchen soll es – wie es sich für ein Schloss gehört – auch am Schloss Ritzebüttel gegeben haben, jener spätmittelalterlichen Keimzelle der heutigen Stadt Cuxhaven. Die Spurensuche beginnt im Schlosspark.

Vor neugierigen Blicken der Besucher – damaligen wie heutigen – sicher geschützt liegt zur Linken des Schlosses an der Außenseite des inneren Walls ein Eingang in den Erdwall. Höchst verdächtig: Es ist eine sehr verborgene Stelle unter hohen Bäumen, die bei entsprechender Jahreszeit noch nicht einmal Sonnenstrahlen durchlassen.

Steht man vor dem Eingang, der von einem rostigen Gitter versperrt wird, spürt man aus dem Inneren eine Kälte, wie man sie sonst aus Gruften oder Grotten kennt. Weit lässt sich zwar nicht hineinblicken. Was man aber sieht, ist zerstörtes Mauerwerk, das keine

Hoffnung übriglässt, dass ein geheimer Tunnel bis zur heutigen Zeit überlebt haben könnte. Es kommt noch schlimmer: Es gibt keine schriftlichen Aufzeichnungen über den Gang, sodass man sich auf den wackeligen Boden mündlicher Überlieferungen begeben muss.

So erzählt man sich in Cuxhaven, dass der Geheimgang von der im 14. Jahrhundert gegründeten Burganlage zu Ritzebüttel unterirdisch bis zum Galgenberg nach Sahlenburg (siehe Geheimnis 29) angelegt worden sein soll. Dort hatten die ersten Bau- und Burgherren des Schlosses Ritzebüttel, die Ritter von Lappe, früher einen Wohnsitz. Am Fuße einer alten Ulme habe der Weg wieder ins Freie geführt.

Eine andere Überlieferung geht noch weiter und lässt den Stollen gute 15 Kilometer unter dem Watt entlang bis nach Neuwerk führen. Ihren Ursprung hat die Überlieferung wohl in der Tatsache, dass auf der Insel in der Elbemündung ein Turm steht, der sowohl optisch als auch zeitlich ein hervorragend passendes Gegenstück zum Schloss Ritzebüttel darstellt. Warum also nicht auch das Gegenstück zum Geheimgang?

Die Realität ist ziemlich ernüchternd: Der Eingang im Schlosswall führt in einen Lagerraum und keinen Schritt weiter. Leider verlieren die historischen Quellen kaum ein Wort über ihn. Manche Experten vermuten, dass in dem Raum Munition gelagert wurde für die Kanonen von Schloss Ritzebüttel. Die Lage ist dafür sehr günstig: Der Eingang liegt abgewandt von der Sonne und den Augen Fremder, die Räume dahinter sind ganzjährig kühl und wettergeschützt. In friedlicheren Jahren diente der Lagerraum aber eventuell auch als schlichter Eiskeller. Letztlich ist aber nur eines sicher: Der geheime Gang ist nicht mehr – aber auch nicht weniger – als ein recht geheimer Eingang.

Marc-Alexander Wagner

So geht's zum Geheimgang:

Von der Eingangstür des Schlosses Ritzebüttel kommend folgt man links dem Weg auf den Wallgraben, er führt nach einigen Metern über den geheimen Eingang hinweg. Deshalb: Augen offenhalten!

Peter Monte weiß, warum diese Häuschen pagodenartige Dächer haben.

34

Chinahäuschen

Ein Mord und ein langjähriger Pachtvertrag

Sie sehen wirklich reizend aus, die kleinen quadratischen Kassenhäuschen am Sportplatz des Cuxhaven Sportvereins Rot-Weiß in der heutigen Hermann-Allmers-Straße. Mit ihren pagodenartigen Dächern wirken sie irgendwie fernöstlich. Fernöstlich? In Cuxhaven? Passt das? Absolut, findet Peter Monte. Zumal umgekehrt in China Häuser stehen, die genauso aussehen wie öffentliche Gebäude in Cuxhaven. Der Bahnhof zum Beispiel.

Das hängt mit der Marine zusammen, der Peter Monte vier Jahrzehnte lang angehörte: „Am 1. November 1897 wurden in der chinesischen Provinz Kiautschou mit der Hauptstadt Tsingtau, dem heutigen Qingdao (Austragungsort der Segelwettbewerbe der Olympischen Spiele 2008 in Peking), zwei deutsche Missionare ermordet. Die Folge: Die Kiautschou-Bucht wurde von deutschen Truppen besetzt“, erzählt er. „Deutschland machte Druck, weshalb die chinesische Quing-

Dynastie im März 1898 einen Vertrag unterzeichnete, nach dem das Deutsche Reich die Kiautschou-Bucht für eine Dauer von 99 Jahren pachten konnte. Die Bucht war nun deutscher Flottenstützpunkt. So kam die deutsche kaiserliche Marine nach China", sagt Monte.

Die Soldaten, die in China für die dortige deutsche Garnison benötigt wurden, mussten irgendwo ausgebildet werden. Deshalb wurde 1908/1909 in Cuxhaven die Kiaut-schou-Kaserne für über 500 Personen gebaut. Man übergab sie am 20. April 1909 ihrer Bestimmung und nahm noch im gleichen Jahr die Stammabteilung und die Marineinfanterie-Einheiten des III. Seebataillons Kiautschou der Marine mit rund 400 Soldaten zur Ausbildung für den Kolonialeinsatz in China auf. „Das III. Seebataillon bestand aus drei Kompanien und umfasste rund 1.200 Mann", verdeutlicht Peter Monte die Dimensionen. „Die in Cuxhaven eintreffenden jungen Rekruten, die später im Seebataillon in Kiautschou Dienst tun sollten, durchliefen hier eine mehrmonatige Grund- und Spezialausbildung und wurden dann mit Transportschiffen vom Steubenhöft nach Tsingtau verschifft."

„Deshalb ist der Bahnhof in Tsingtau fast baugleich mit dem Cuxhavener Bahnhof."

„Als China im Ersten Weltkrieg von Japan angegriffen wurde, versuchten rund 4.000 deutsche Marine-Soldaten vom 2. September bis Anfang November 1914 der Belagerung Tsingtaus gegen übermächtige 60.000 Japaner standzuhalten." Schließlich kapitulierte China am 7. November 1914. „Alle deutschen Soldaten, die dort stationiert waren, mussten in viereinhalbjährige Kriegsgefangenschaft in Japan. Kiautschou und Tsingtau wurden 1922 von Japan an China zurückgegeben", erklärt Monte.

Soweit zur Vorgeschichte. In der Cuxhavener Kaserne waren im Ersten Weltkrieg weiterhin Einheiten des III. Seebataillons untergebracht. Während der deutschen Zeit ab 1898 habe man Kiautschou und die Stadt Tsingtau zu einer deutschen Musterkolonie ausbauen wollen, sagt der Stadkenner. Naheliegend, dass man sich da Cuxhaven zum Vorbild nahm, wo die Soldaten beheimatet waren und wo schon viele Bauten für die kaiserliche Marine – Kasernen, Wohngebäude, ja Kirchen – errichtet wurden. „Deshalb ist der Bahnhof in Tsingtau fast baugleich mit dem Cuxhavener Bahnhof", erklärt Monte. Die dortige deutsch-chinesische Hochschule sei der ehemaligen Kiautschou-Kaserne, die von 1945 bis 2013 die Gorch-Fock-Schule und das niederdeutsche Theater Döser Speeldeel beheimatete, sehr ähnlich. Einige der Bauten aus der deutschen Zeit in Tsingtau stehen heute noch und werden von den Chinesen sorgfältig gepflegt, so der Bahnhof, die ehemalige Hochschule und die frühere Germania-Brauerei, aus der noch heute das in jeden China-Restaurant bestellbare Tsingtau-Bier kommt.

Chinesisch anmutende Kassenhäuschen.

Doch nicht nur in China hielten deutsche Bauten Einzug: Auch in Cuxhaven gab es Anlehnungen an die chinesische Architektur: „Mit dem Anwachsen der Garnison in Cuxhaven war auch ein umfangreiches Wohnungsbauprogramm verbunden, mussten doch Dienstgradhöhere und die Familien der Soldaten in Cuxhaven Unterkünfte finden", sagt Monte. Also wurden Wohnungen gebaut – und ein marineeigener Sportplatz, der heutige Sportplatz von Rot-Weiß-Cuxhaven, eingerichtet. Dessen Kassenhäuschen sind bis heute mit Pagoden ähnlichen Dächern versehen. Die Soldaten, die in Cuxhaven ausgebildet wurden, waren dank der Kassenhäuschen zumindest bereits chinesische Dächer gewöhnt, wenn sie in den Fernen Osten aufbrachen.

Eva-Maria Bast

So geht's zu den Chinahäuschen:

Sie befinden sich in der Gorch-Fock-Straße am Sportplatz des Vereins Rot-Weiß-Cuxhaven.

Fotos vermitteln nur unzureichend den Eindruck des kreisrunden Duhner Ringwalls.

35

Ringwall

Im Kreis der Vergangenheit

Cuxhaven-Duhnen ist eine Hochburg des Tourismus. Seite an Seite reihen sich schicke, moderne Ferienhäuser mit fantasievollen Namen, die nach Küste, Natur, Erholung klingen. Hunderttausende Gäste pro Jahr verbringen hier ihren Urlaub. Doch nur die wenigsten von ihnen dürften ahnen, dass sich ganz in ihrer Nähe auf freiem Feld eine höchst bedeutsame archäologische Stätte befindet. Eine Fundstelle, die schon vor mehr als Hundert Jahren Forschern Rätsel aufgab und sich einige Geheimnisse bis zum heutigen Tage bewahrt hat.

Die Rede ist vom Duhner Ringwall, einer kreisrunden Wallanlage, die nur wenige Hundert Meter von der Küste entfernt auf der niedrigen Geest direkt südlich von Cuxhaven-Duhnen liegt. „Solch eine Anlage aus dieser Zeit gibt es kein zweites Mal in Norddeutschland", betont der Cuxhavener Stadtarchäologe Andreas Wendowski-Schünemann die Bedeutung der historischen Stätte. „Zusammen mit dem benachbarten großen Grabhügel Twellberg und einigen weiteren kleineren Grabhügeln aus verschiedenen Zeiten haben wir hier das markanteste archäologische Denkmalensemble unserer Geestlandschaft."

„Solch eine Anlage aus dieser Zeit gibt es kein zweites Mal in Norddeutschland."

Zuerst die Fakten: „Die Anlage besteht aus einem heute noch 1,20 Meter hohen Hauptwall, einem deutlich kleineren Vorwall sowie einem vorgelagerten Sohlgraben. Der Hauptwall mit rund 40 Metern Innendurchmesser besaß ursprünglich einen nach Osten gerichteten Eingang, der vermutlich durch eine hölzerne Torkonstruktion abgeschlossen war", beschreibt Wendowski-Schünemann.

Am Anfang des 20. Jahrhunderts stellte der Archäologe Carl Schuchhardt erstmals Grabungen und topografische Aufnahmen am Duhner Ringwall an. „Sein Verdienst war es, den Blick der archäologischen Forschung auf diese Stätte zu lenken", sagt Andreas Wendowski-Schünemann. Schuchhardt habe in der Stätte die Überreste einer Befestigungsanlage gesehen. „Aufgrund ihrer Größe und Gestalt datierte er die Burg in das frühe Mittelalter, in die sächsische Zeit um das Jahr 800", berichtet der Archäologe. „Diese Einordnung hielt sich fast einhundert Jahre lang, da es auch allgemein wenig gesichertes Wissen über den Duhner Ringwall gab."

Andreas Wendowski-Schünemann und Professor Dr. Ulrich Veit, der heute an der Universität Leipzig forscht, zweifelten diese vorherrschende Einschätzung aber an. Beginnend im Jahr 2001 stellten sie in mehreren Grabungskampagnen über ein Jahrzehnt hinweg Forschungen an. „Im Zuge dessen haben sich unsere Vorstellungen über dieses archäologische Denkmal grundlegend revidiert", erzählt der Stadtarchäologe. „Vor allem konnten wir beweisen, dass der Duhner Ringwall deutlich älteren Ursprungs ist als bislang angenommen."

Die Archäologen legten bei ihren Grabungen Querschnitte der Konstruktion frei. „Dabei gelang uns der Nachweis, dass der Körper des Hauptwalls ausschließlich aus Heideplaggen aufgebaut wurde", berichtet er. Die Größenordnung des Bauprojekts haben die Forscher auf bis zu 10.000 Arbeitsstunden berechnet. An der stellenweise sieben Meter breiten Basis entdeckten sie zudem eine dünne Schicht aus Resten der ehemaligen Vegetation, welche zum Zeitpunkt der Wallerrichtung unter den Schichten begraben wurde. „Darin waren ausreichend organische Bestandteile enthalten, die wir einer Radiokohlenstoff-Datierung unterziehen konnten. Daraus ergibt sich, dass der Wall rund 3500 Jahre alt ist. Kulturgeschichtlich bewegen wir uns damit – hier, im südlichen Elbemündungsgebiet – am Übergang von der frühen zur älteren Bronzezeit."

Aber eine entscheidende Frage konnten die Archäologen nicht klären: Welchem Zweck diente der Duhner Ringwall? „Wir können nur eine Art Ausschlussverfahren anwenden", erläutert Wendowski-Schünemann. Wäre der Platz im Wall als geschützter Siedlungsbereich genutzt worden, hätten die Ausgrabungen Hinweise auf Gebäude liefern müssen. Auch eine Nutzung als Flucht- oder Verteidigungsanlage hält der Stadtarchäologe für ausgeschlossen: „Graben und Vorwall, selbst der höhere Hauptwall hätten keinen wirkungsvollen Schutz vor Angreifern geboten." Auch auf die Nutzung als umwalltes Viehgehege gibt es keine Hinweise. „Ebenso wenig kommt eine Funktion als Observatorium in Frage mit einer Ausrichtung auf Sonnenauf- und Sonnenuntergänge zur Sommer- oder Wintersonnenwende. Hier in Duhnen fehlen – abgesehen vom Torzugang – entsprechende Sichtachsen", führt er aus.

Bleibt nur ein Schluss übrig: „Der Duhner Ringwall wurde als eine Art Kult- oder Versammlungsplatz genutzt." Wurden hier also rituelle Handlungen und kultische Zeremonien praktiziert? Traf man sich hier, um die Ahnen zu ehren und die Götter anzubeten? Diente er vielleicht als eine Art politisches Forum oder als Handels- und Marktplatz? Oder war es schlicht ein beliebter Treffpunkt, an dem das „damalige Gegenstück zum Schützenfest“ gefeiert wurde, wie Andreas Wendowski-Schünemann mit einem Augenzwinkern vorschlägt? „Letztlich bleibt als Argumentationsgrundlage nur, dass hier bewusst und mit vergleichsweise großem Aufwand eine künstliche Trennung zwischen Innen und Außen errichtet wurde“, fasst der Archäologe zusammen. „Für welche konkreten Handlungen dieser abgegrenzte Bezirk den Rahmen gab und wer daran teilnehmen durfte, lässt sich heute nicht mehr mit Gewissheit sagen.“ Dieses letzte Geheimnis bleibt damit wohl allein der Phantasie der Besucher überlassen, wenn sie in der Mitte des Duhner Ringwalls stehen.

Marc-Alexander Wagner

So geht's zum Ringwall:

Dem Dünenweg im Cuxhavener Ortsteil Duhnen entlang der Küste nach Süden folgen. Es gibt weder ein Schild noch Wegweiser. Einziger Orientierungspunkt ist gut 400 Meter nach dem letzten Haus ein schmaler, bewaldeter Streifen, der sich zur Linken erstreckt. Wer dem Weg weitere 200 Meter folgt, erreicht den Duhner Ringwall.

Um den Opferstein ranken sich viele Geschichten.
Heino Hünken weiß, welche davon wahr sind.

36

Opferstein

Wie vom Himmel gefallen

Mitten im Hollener Wald liegt ein riesiger Stein in einer tiefen Mulde. Es wirkt, als sei er vom Himmel gefallen und mit so viel Wucht in den Boden eingeschlagen, dass die Erde dem Gewicht weichen musste, sich nach außen schob und einen Krater bildete. Heino Hünken, Erster ehrenamtlicher Denkmalbeauftragter im Landkreis Cuxhaven, kennt diesen Stein schon sein ganzes Leben. Als Kind ist er darauf herumgeklettert und hat mit großen Augen den Geschichten gelauscht, die sein Lehrer ihm über diesen Findling erzählte.

Das, worum die Überlieferungen kreisen, ist eine Kuhle im Stein, in die die Bewohner den Göttern einst Opfergaben dargebracht hätten. Als Jugendlicher hat sich Heino Hünken dann eine eigene Version ausgedacht, um sein jeweiliges Herzensmädchen beim gemeinsamen Waldspaziergang dazu zu bringen, furchtsam etwas näher an ihn heranzurücken: „Wir Jungs haben gerne gesagt, dass hier Jungfrauen geopfert wurden", erzählt er heute schmunzelnd. Ob die Mulde wirklich einmal für Opfergaben verwendet wurde? „Würde man das nachweisen wollen, müsste man organische Spuren finden, und die wären, wenn es sie jemals gab, längst durch die Erosion verschwunden", sagt Hünken.

Neben der Kuhle gibt es noch eine Merkwürdigkeit an dem Stein. In regelmäßigen Abständen sind auf der einen Seite Einkerbungen zu sehen, als hätte jemand einen Meißel eingeschlagen und dann wieder herausgezogen. Auch hierfür gibt es eine mythische und eine eher realistische Erklärung. Ersterer zufolge vermuteten diejenigen, die gerne an die Geschichte mit dem Opferstein glauben wollten, in den merkwürdigen Einkerbungen jene Stellen, in die die Messer für die Opferung gehauen wurden. Hünken jedoch hängt eher der zweiten Version an: „Bauarbeiter haben versucht, den Stein abzuspalten", erklärt er schlicht. „Um 1800 waren Steine knapp, da in dieser Zeit ja auch die Chaussee von Bremerhaven nach Bremen gebaut wurde. Da konnte man sie gut gebrauchen." Arbeiter hatten den Stein 1800 gefunden, als der Wald angelegt wurde. Auch als Fundament unter Fachwerkhäusern seien derartige Felsbrocken sehr gefragt gewesen. Und der Hollener Chronik ist zu entnehmen, dass das Forstamt einem Mann namens Gerd Warnke aus Oberheise untersagt habe, den Stein weiter zu bearbeiten. Sogar ein Waldverbot habe man ihm angedroht.

Zeuge uralter Erdgeschichte mitten im Wald.

Durch das Einmeißeln bestimmter Linien wurden Steine abgespalten, beschreibt Hünken das Vorgehen – allerdings musste man die Stelle recht genau kennen, an der sich ein Stück vom Stein lösen könnte. „Mein Opa hat immer gesagt, dass man in einem Stein lesen kann, ähnlich wie in den Jahresringen der Baumstämme." Es gebe in einem Stein Strukturen und Einschlüsse, sodass manche Stellen einfacher auseinanderbrächen als andere. War die Einkerbung an der entsprechenden Stelle dann tief genug, habe man die Steinränder durch Feuer stark erhitzt, um sie anschließend mit kaltem Wasser abzuschrecken. Durch den abrupten Temperaturunterschied und die Einkerbungen sei dann oft eine Abspaltung geglückt.

„Mein Opa hat immer gesagt, dass man in einem Stein lesen kann, ähnlich wie in den Jahresringen der Baumstämme."

Große Temperaturunterschiede sind vermutlich auch dafür verantwortlich, dass der Stein an seiner heutigen Stelle gelandet ist. In der Eiszeit vor etwa 2,6 Millionen Jahren gab es Warmzeiten und Kaltzeiten. In den Kaltzeiten bildeten sich dicke Eisschichten, Gletscher mit einer Höhe von bis zu vier Kilometern entstanden. „Sie schoben sich langsam in Richtung Süden vor und bedeckten weite Teile Norddeutschlands. Zwischen 800.000 und 10.000 v. d. Z. sind mehrere solcher Eisvorstöße bekannt", schreibt Walter Mülich in einem Aufsatz über den Westerbeverstedter Kessel. „Auf ihrem Weg nach Süden arbeiteten sich die Gletscher durch die Landschaft. Dabei wurde tonnenweise Gestein aus dem Untergrund herausgebrochen, im Eis eingefroren, zerstoßen und zerrieben. Sand, Ton und unterschiedlich großes Gestein wurden so auf, im und unter dem Eis mitgeschleppt. In den Auftauphasen der warmen Zeitabschnitte blieb das mitgeführte Material liegen." So könnte auch der Weg unseres Steines ausgesehen haben. Und die scharfe Kante auf der einen Seite, sagt Hünken, könne dadurch entstanden sein, dass der Findling über den Boden geschleift wurde.

Heino Hünkens Opa hatte also recht, als er sagte, dass man in einem Stein lesen könne. Steine sind mehr als nur Brocken. Sie haben eine bewegte Geschichte hinter sich. Wer einen Sinn dafür hat, dem erzählen sie ganze Romane. Oder animieren zu prosaischen Werken. Wie das auch bei Joseph Victor von Scheffel (1826-1886) der Fall war, der den Stein zum lyrischen Ich werden ließ und schrieb:

Einst ziert' ich, den Aether durchspähend
Als Spitze des Urgebirgs Stock
Ruhm, Hoheit und Stellung verschmähend
Ward ich zum erratischen Block.

Man sagt, wenn's dem Denker zu wohl ist
So wagt er sich kecklich auf's Eis:
Mir winkten, wo's klüftig und hohl ist
Schneejungfrau'n, verführend und weiß.

Doch als ich mit Poltern und Lärmen
Abstürzend aufs Firnfeld mich hub
Verbüßt' ich mein jugendlich Schwärmen
Mit tausendjährigem Schub.

(...)

Eva-Maria Bast

So geht's zum Opferstein:

Mit dem Auto zum Hollener Kamp fahren. Bevor man links in den Ortsteil abbiegt, rechts den Feldweg nehmen, am Wald entlangfahren bis an dessen Ende vor der Abzweigung zum Bokeler Moor. Dort in der Nähe der beiden Torfweg-Schilder das Auto abstellen, den Waldweg überqueren, bis man auf den nächsten Waldweg stößt. Diesen dann in Richtung Norden entlangwandern. Nach etwa 200 Metern findet sich rechts am Baum ein Schild, auf dem „Opferstein" geschrieben steht. Dem Schild nach links folgen, dann kommt man direkt auf den Stein zu.

Hermann Kück weiß: Dieser Teich diente ursprünglich einem ganz speziellen Zweck.

37

Pestgrube

Leidende Rinder und verzweifelte Bauern

Hohes Fieber. Geschwollene Schleimhäute. Schnupfen. Tränende Augen. Klingt wie Grippe – ist aber etwas Anderes. Etwas, das die Bauern besonders im 18. und 19. Jahrhundert sehr fürchteten – wenn diese Symptome bei ihren Rindern auftraten. Weil sie zum einen wussten, dass die Tiere sehr leiden mussten, etwa durch die schlimmen und mit Darmblutungen einhergehenden Bauchschmerzen. Aber vor allem, weil die Landwirte um ihre Existenz fürchten mussten: Diese Symptome waren die ersten Anzeichen für die als höchst ansteckend geltende und tödlich verlaufende Rinderpest. Nach der Inkubationszeit von drei bis 15 Tagen musste manch ein Bauer feststellen, dass all seine Tiere von der Seuche betroffen sind und ihm durch den Verlust der Herde der Ruin drohte.

Auch im Cuxland wütete die Rinderpest, und es gibt heute noch etwas, das an diese schweren Zeiten erinnert: eine Grube im Wald

Bardel bei Lunestedt, die in regenreichen Zeiten mit Wasser gefüllt ist und dann zum Teich wird. Naturschützer Hermann Kück, der sich seit den 1970er-Jahren intensiv um die Natur seiner Heimat kümmert und für sein Engagement mit dem Bundesverdienstkreuz ausgezeichnet wurde, kennt im Bardel jeden Winkel. Und natürlich kann er auch die Geschichte der Rinderpest akribisch genau berichten. Er erzählt: „Wenn die Rinderpest in den Dörfern wütete, verstarb das ganze Vieh. Deshalb mussten dringend Lösungen gefunden werden, um zumindest einige Tiere zu retten. In dieser Notsituation sind die Bauern auf die Idee gekommen, ihr Vieh aus dem Dorf zu treiben und es isoliert in Gräben und Senken unterzubringen, wo sie hoffentlich geschützt vor Keimen und dem Wind überleben sollten.“ Seinerzeit war noch nicht bekannt, auf welche Art und Weise die Pest übertragen wird. „Man dachte: Wenn das Vieh irgendwo in einer Senke untergebracht wird, ist es dort vor Ansteckung geschützt“, erklärt Hermann Kück. „Und im Grunde hatten die Bauern mit ihrem Ansatz recht, das gesunde Vieh so weit wie möglich vom erkrankten zu trennen.“ Dass sie die Grube, derer es seinerzeit übrigens mehrere gab, ausgerechnet im Wald aushoben, war Absicht. „Durch die vielen Bäume galt der Wald in gewisser Weise als geschützt.“

Viele Landwirte hätten die Tiere dann direkt vor Ort versorgt und oft selbst dort übernachtet. Die Viehhaltung, sagt Kück, sei die Lebensgrundlage der Bauern gewesen. „Wenn sie wenigstens einige Tiere retten konnten, war es möglich, den Tierbestand wieder aufzubauen.“

Wie schlimm die Pest gewütet haben muss, geht auch aus Aufzeichnungen des Schiffdorfer Rektors Heinrich Mahler hervor, der im Jahr 1929 schrieb: „Das war eine böse Zeit, wenn die Rinderpest in den Dörfern wütete und der Bauer oft seinen ganzen Viehbestand verlor. Die Pestgruben sind die letzten Zeugen der furchtbaren Seuche.“ Als er diese Zeilen verfasste, war der letzte Ausbruch der Pest grade mal ein Vierteljahrhundert her: „1879 soll die Pest das letzte Mal in den Dörfern 95 Prozent der Tiere vernichtet haben“, schreibt der Heimatkenner Arnold Plesse

„Wenn sie wenigstens einige Tiere retten konnten, war es möglich, den Tierbestand wieder aufzubauen.“

in einem Aufsatz. Viele Jahre habe es gedauert, bis die Bauern ihre Ställe wieder mit Tieren gefüllt hatten.

Sieht idyllisch aus – doch die Vertiefung wurde aus einem tragischen Grund künstlich angelegt.

Der ursprünglich in Asien entstandene und um 1900 als solcher erkannte Virus, wurde erstmals um 1800 v. Chr. erwähnt. Nach Europa kam die Rinderpest wohl durch die Völkerwanderungen der Hunnen von 376 bis 386. Besonders schlimm wütete die Seuche im 18. Jahrhundert: Allein in Europa starben etwa 200 Millionen Rinder – mehr als doppelt so viele, wie im Jahr 2007 in der Bundesrepublik gehalten wurden. Nachdem der Erreger 1902 als Virus identifiziert wurde und flächendeckende Impfungen eingeführt wurden, müssen die Bauern sich heute nicht mehr vor der Rinderpest fürchten – wobei es neue Krankheiten und neue Sorgen gibt, man denke nur an BSE, auch bekannt als Rinderwahnsinn.

Die Pestgrube hat also längst ausgedient. Besonders, wenn der Regen sie in einen Teich verwandelt hat, nimmt sich die einstige Pestgrube im märchenhaften Wald ausgesprochen malerisch aus. Niemand würde angesichts dieser Idylle auf die tragische Geschichte ihrer Entstehung schließen.

Eva-Maria Bast

So geht's zur Pestgrube:

Sie befindet sich in Lunestedt im Wald Bardel: 50 Meter hinter dem Bardel führt rechts ein Forstweg in den Wald. Diesem etwa 50 Meter folgen und dann wieder rechts in einen schmalen Pfad einbiegen. Die Pestgrube befindet sich direkt vor der dortigen Hütte.

N°63
CP

Grabstein

Lotterie auf dem Friedhof

Er fällt ein wenig aus der Reihe auf dem Langener Friedhof: Ein Grabstein, so viel kleiner, so viel unscheinbarer als all die anderen. Zudem noch mit einer kryptischen und rätselhaften Inschrift: *No 65 CP 1876* steht eingemeißelt auf dem nur gut 25 Zentimeter großen Stein, der eher als Grenz- denn als Grabstein durchgehen würde. Aufgespürt hat ihn der Heimathistoriker Hermann Westedt. Er war einem Hinweis aus dem örtlichen Seniorentreff gefolgt, wo er regelmäßig beim sogenannten Klönschnack Geschichten aus Langens Historie zum Besten gibt. Nach einigen Recherchen konnte Westedt das Geheimnis des merkwürdigen Grabsteins schließlich lüften. Die Geschichte führt weit zurück in die Zeit, als Langen noch ein Dorf war und weit entfernt von der heutigen Größe und dem Stadtrecht. „Zu Beginn des 19. Jahrhunderts hatte Langen noch keinen eigenen Friedhof", berichtet Westedt. „Die Langener mussten auf dem Friedhof im benachbarten Debstedt beerdigt werden."

Das Prozedere war streng geregelt: „Der Sarg musste bis zur Grenze der beiden Ortschaften am Debstedter Grenzweg gefahren und dort an die Debstedter Sargträger übergeben werden", erzählt Hermann Westedt. Von dort wurden die Verstorbenen schließlich rund 1,5 Kilometer weit bis zum Kirchhof der Debstedter St. Dionysiuskirche getragen. Lühr Immen (1805-1870), der erste Ortsvorsteher von Langen, wollte sich mit der umständlichen Situation nicht so recht anfreunden. Er forderte bereits 1830, in Langen einen eigenen Friedhof anzulegen. „Dem widersetzten sich seine Langener Mitbürger aber vehement", berichtet der Heimatforscher. Westedt kennt auch den Grund für deren Widerstand, ihre große Sorge: „Da Langen keine Kirche hatte, fürchteten die Langener, dass ihre Verstorbenen am Tag der Auferstehung das Glockenläuten der fernen Debstedter Kirche überhören würden."

Der Heimathistoriker Hermann Westedt hat entschlüsselt, was der seltsame Stein und seine rätselhafte Inschrift zu bedeuten haben.

Der Widerstand der gläubigen Langener hielt bis 1870, als auf Initiative Immens hin aus Berlin – Hannover war zu dieser Zeit eine Provinz des Königreichs Preußen – endlich die Order erging, einen Friedhof in Langen anzulegen, um die Bürger in ihrem Heimatort zu bestatten. „Dann kam Bewegung in die Sache", fasst Westedt zusammen. Was aber nicht bedeutete, dass die Suche nach einer geeigneten Fläche reibungslos verlief. Weitere sechs Jahre verstrichen, bis am 9. April 1876 der erste Langener Friedhof eröffnet werden konnte, der Platz für maximal 81 Gräber bot. Der Bedarf war jedoch wesentlich größer, weshalb die Geschichte eine skurrile Wendung nimmt: „60 dieser Grabstellen wurden deshalb per Los verteilt und mit Steinen markiert", schildert Westedt die etwas ungewöhnliche, aber pragmatische Problemlösung der Langener. Einer dieser Steine, eben jener seltsame mit der rätselhaften Inschrift *No 65 CP 1876*, hat mehr als 140 Jahre bis zum heutigen Tage überdauert. Er zeugt davon, dass die Grabstelle Nummer 65 im Jahre 1876 einem Langener namens Carsten Prüsch (CP) zugewiesen worden war. „Es ist also weder ein Grab- noch ein Grenzstein", sagt Westedt. „Es ist eine Grab-Markierung, wie es sie auch heute noch gibt – wenn auch nicht mehr ganz so aufwändig."

No 65 CP 1876: Diese Inschrift gibt vielen Friedhofsbesuchern nach wie vor Rätsel auf.

Marc-Alexander Wagner

So geht's zum Grabstein:

Der Friedhof liegt an der Debstedter Straße, etwa auf halber Strecke zwischen der Langener Ortsmitte und der Grenze zu Debstedt. Vom Eingang am Alten Postweg Ost aus folgen Sie dem Weg geradeaus. Der Markierungsstein liegt in einer der letzten Grabreihen links des Weges.

Ein kleines Rätsel wurde in die Inschrift eingebaut.

39

Inschrift

Vier Zeilen, ein Rätsel

Es gibt nicht viele Relikte, die so offensichtlich sind und dennoch rätselhaft bleiben. Die mit einer Inschrift versehene Steinplatte über dem Haupteingang der Burg Bederkesa in der Ortsmitte gehört auf jeden Fall dazu. Der Bildhauer und viele Jahrhunderte Geschichte haben dem Verständnis in der heutigen Zeit einige Hürden entgegengestellt. Bei des Rätsels Lösung kann Matthias Schön helfen. Er ist der Kreisarchäologe für den Landkreis Cuxhaven und Leiter des Museums Burg Bederkesa.

Heute prangt die Inschrift über dem Eingang zum Museum.

Nehmen wir die erste Hürde: Es gilt, die Buchstaben überhaupt erstmal zu entziffern. Zum einen haben Zeit und Wetter Spuren hinterlassen und die Buchstaben ein wenig verwittern lassen. Zum anderen war zur Entstehungszeit der Tafel Mitte des 15. Jahrhunderts die Ästhetik wichtiger als deutliche Lesbarkeit. „Der Text umfasst vier Zeilen, die über und neben dem Abbild des Bremer Schlüssels angeordnet sind", erklärt Schön. Die Inschrift lautet: *Ano m ccc l et x centum superadde: / Qui bremam Regunt hanc domum sic para- / verunt: Ad laudem domini / pax ut sit communitati.*

Da wird auch schon schnell die zweite Hürde offensichtlich: Die Inschrift ist lateinisch. MCCCL als 1350 mag auch für ungeübte Lateiner noch zu entziffern sein – „es führt aber auf eine falsche Fährte", warnt Schön. Nach einer Übersetzung von G. Lohse lautet die Inschrift in Gänze: „Im Jahre 1350 und 10, hundert füge hinzu, haben die, die Bremen regieren, dieses Haus so hergerichtet, zum Lobe des Herrn, damit die Gemeinschaft Frieden habe." Die, die Bremen regieren, beziehe sich auf die Hansestadt Bremen, ergänzt Matthias Schön. „Sie haben sich 1381 erst zum Teil und schließlich 1421 vollständig die Burg und Herrschaft Bederkesa angeeignet."

Bleibt also noch die dritte Hürde: Erst ein wenig Mathematik führt nämlich zur endgültigen Lösung. 1350 + 10 + 100 = 1460. „Dieses Ergebnis stimmt auch hervorragend mit dem Alter der Bauhölzer überein, die wir auf die Jahre 1457-60 datieren", erläutert Schön. Bis

1460 sei das erste steinerne Gebäude, der heutige Südflügel, errichtet worden. „Das ist aber nicht der Ursprung der Burg", betont der Archäologe. „Unsere Untersuchungen und die Ausgrabungen in den 1970er-Jahren zeigten, dass schon um 1200 mächtige Holzburgen an dieser Stelle gestanden haben."

Warum aber nun diese seltsame Rechenaufgabe in der Inschrift? „Es mag ungewöhnlich und umständlich wirken, hat aber durchaus Methode", verweist Schön auf Erkenntnisse von Anton Hinck. Bei der Inschrift handelt es sich nämlich um sogenannte Leoninische Hexameter. Der erste Vers geht von *Ano* bis *superadde*, der zweite von *Qui* bis *paraverunt*, der dritte schließlich von *Ad* bis *communitati*. Nur wenn man die Zahlenwerte der ersten Zeile als Buchstaben liest, passt auch sie wunderbar ins Versmaß.

„Die Rechenaufgabe in der Inschrift mag ungewöhnlich und umständlich wirken, sie hat aber durchaus Methode."

Der Bildhauer hat damals also den Bau des Burgteils dokumentiert und dabei alle Regeln der Kunst seiner Zeit befolgt. Dass er heutige Besucher damit vor ein solches Rätsel stellt, konnte er ja nicht ahnen.

Marc-Alexander Wagner

So geht's zur Inschrift:

Die Steintafel ist direkt über dem heutigen Haupteingang der Burg Bederkesa angebracht. Diese ist weiträumig ausgeschildert.

Hermann Westedt freut sich, dass der Langener Dolmen vor bald 170 Jahren doch noch gerettet und bewahrt wurde.

40

Dolmen

Baumaterial oder Kulturdenkmal?

Geschäftiges Treiben auf der Leher Landstraße: All die vorbeidüsenden Autofahrer, all die vorbeieilenden Fußgänger ahnen wohl nicht, dass sie in ihrem Alltagstrubel gerade ein kulturhistorisches Denkmal links oder rechts liegen lassen. Der Langener Dolmen, so die keltische Bezeichnung für einen Steintisch, liegt nämlich nur ein paar Schritte von der Geschäftsstraße entfernt – einen Steinwurf quasi.

Hat man erst die richtige Lücke in der Häuserreihe der Leher Landstraße gefunden, öffnet sich nach wenigen Metern der Platz des Dolmens wie eine kleine Oase. Leicht erhöht auf einem grünen Hügel und umringt von zehn prächtigen Eichen sind fünf Steine angeordnet. Vier kleinere stehen im Rund, von denen drei einen ungleich größeren und gewichtigeren Brocken tragen. „Der Dolmen findet heute kaum noch Beachtung", sagt Hermann Westedt. „Nur wenige Langener wissen, dass es ihn überhaupt gibt."

Westedt, ein rühriger und umtriebiger Heimathistoriker, hat die Geschichte des Kulturdenkmals recherchiert. So weiß er auch, dass das steinerne Ensemble im 19. Jahrhundert um Haaresbreite dem schnöden Straßenbau zum Opfer gefallen wäre. „Um die Verbindung nach Lehe und Bremerhaven zu verbessern, wurde 1849 mit dem Bau einer großen Chaussee, der heutigen Leher Landstraße, begonnen", berichtet Westedt. Die Langener übernahmen dabei den Unterbau in Eigenleistung. Allein: Der Bodenaushub aus den Seitengräben reichte bei weitem nicht aus, und die nächste Sandgrube war fünf Kilometer weit entfernt. „Da kamen die Bauherren auf die Idee, den unmittelbar in der Nähe liegenden Ritzeberg, einen stattlichen Erdhügel, kurzerhand abzutragen."

„Der Dolmen findet heute kaum noch Beachtung. Nur wenige Langener wissen, dass es ihn überhaupt gibt."

Doch die Arbeiten förderten Merkwürdiges zu Tage. Lühr Immen, Ortsvorsteher von Langen, beschreibt am 17. November 1849 den Fund im Protokollbuch der Ortschaft: „In dem Berge befanden sich viele Felsensteine, auch vier Urnen mit gebrannten Knochen standen auf beiden Enden des zuletzt gefundenen großen platten Steins." Immen weiter: „Man hielt diesen Stein zuerst für einen Opferaltar wegen der dabei gefundenen Holzasche. Bei genauerer Untersuchung fand sich aber, dass der große Stein an allen Seiten auf minder größere ruhte und nur ein mit kleinen Steinen verschlossenen Eingang hatte, nach den Süden gerichtet."

Die Neugierde, wie Lühr Immen in dem Protokolleintrag einräumt, habe ihn dazu getrieben, „dieses merkwürdige alterthümliche Denkmal" näher zu untersuchen und Ausgrabungen anzustellen. Er fand heraus, dass der steinerne Deckel „oben und vorzüglich unten zwei von Natur geformte glatte Seiten" hatte. Zusammen mit weiteren Fundstücken kommt er zu der Schlussfolgerung, ein Hünenbett vor sich zu haben, also ein jungsteinzeitliches Großsteingrab. Immen ist begeistert. Er schreibt: „Da die Dorfgemeinschaft keine solchen Alterthümer besitzt, auch Hünenbetten nicht zerstört werden dürfen, so soll es als Denkmal stehen bleiben für die Nachwelt". Das sechs Fuß hohe Gebilde könne einen „weitaussehenden schönen Anblick geben". Eine Vorstellung, die heutzutage nur schwer nachzuvollziehen ist, da der Dolmen inzwischen zu allen Seiten von Wohnhäusern umgeben ist. Von Weitblick keine Spur. „Damals war das aber schon berechtigt", hält Westedt dagegen. „Im 19. Jahrhundert gab es nämlich ringsum nur flaches Ackerland."

Fast mystisch wird es einem zumute, wenn man mitten im Alltagstrubel den Langener Dolmen entdeckt.

Um den Erhalt seines Dolmens musste Immen aber noch ringen, denn viele seiner Zeitgenossen sahen in den massiven Steinen eher monetären als historischen Wert. „So hatte der Langener Gemeindeausschuss den Verkauf des Dolmens als Baumaterial beschlossen, um die Gemeindekasse ein wenig aufzubessern", hat Westedt herausgefunden. Lühr Immen konnte dies jedoch verhindern. „Er ließ sich die Unverkäuflichkeit der Steine von übergeordneter Stelle bestätigen", erläutert der Heimathistoriker. Westedt staunt: „Immen war damit seiner Zeit weit voraus. Erst 1914, also 65 Jahre später, wurde mit dem Ausgrabungsgesetz die erste Basis zum Erhalt solch historischer Funde geschaffen." Und jeder, der den Langener Dolmen findet, darf es ihm danken.

Marc-Alexander Wagner

So geht's zum Dolmen:

Das Denkmal liegt an der winzigen, verwinkelten Straße Am Dolmen. Deren Einmündung in die Leher Landstraße ist leicht zu übersehen. Sie liegt schräg gegenüber der Einmündung zum Südstellenweg und von Bremerhaven kommend an der Bushaltestelle gleichen Namens.

Ernst Beplate hat das Leben der Bederkesaer Juden wieder in Erinnerung gerufen.

41

Friedhof

Totenruhe mitten im Wald

Sie sind weitestgehend in Vergessenheit geraten, die Spuren ihres Lebens nur noch in den Aktenstapeln der Archive zu finden. Die Rede ist von Bederkesas Juden aus dem 18. und 19. Jahrhundert. Vor Ort ist nur noch eine einzige Erinnerung geblieben: Tief versteckt im Holzurburger Wald liegt der 1754 angelegte Judenfriedhof von Bederkesa.

„Er ist die letzte Erinnerung an die einst verhältnismäßig große Israelitische Gemeinde in Bederkesa", erzählt Ernst Beplate, der als Ortsheimatpfleger von Bad Bederkesa die jüdischen Schicksale im Niedersächsischen Landesarchiv in Stade erforscht hat. Die Spur beginnt im Jahr 1725. „Ein Mann namens Levin Jacob war der erste Jude, der sich im Flecken Bederkesa niederließ", beschreibt Beplate die Anfänge des jüdischen Lebens im Ort. Jener Jacob stellte damals bei der Bezirksregierung, also beim Königlich-Großbritannischen, kurfürstlich braunschweig-lüneburgischen Regierungskollegium für die Herzogtümer Bremen und Verden in Stade, den Antrag auf einen sogenannten Schutzbrief.

„Die große Mehrheit der Juden im 18. und in weiten Teilen des 19. Jahrhunderts waren sogenannte nicht vergleitete Juden", erläutert Beplate. „Das heißt, sie besaßen keinerlei Rechte, durften weder Geschäfte betreiben noch durften sie dauerhaft in einem Ort wohnen. Fielen sie der Kommune zur Last, so entledigte man sich ihrer meist sehr schnell durch eine Abschiebung jenseits der Amtsgrenzen." Doch die Gesetze des Königreichs Hannover sahen auch Schutzbriefe vor, mit denen sich die Antragssteller – gegen Bezahlung – das Wohn- und Arbeitsrecht sichern und so im behördlichen Deutsch zu Schutzjuden aufsteigen konnten. Eine solche Urkunde erhielt 1725 auch Levin Jacob, als seinem Antrag durch das Regierungskollegium in Stade stattgegeben wurde. Zuvorderst hatte der Händler laut Schutzbrief zu beachten, „daß er diejenigen mit welchen er erlaubter maaßen handeln wird, nicht mit betriglich und verfälschter, sondern gut und aufrichtiger Wahre belade, auch mit unbilliger übersetzung niemand vervortheile." Der Schutz hatte seinen Preis. Levin Jacob wurde auferlegt, dass er „alljährlich in das Bederkesische amtsregister zwey Reichsthaler erlege und die gemeine Fleckens abgiften und onera nach billiger proportion, mit übernehme".

„Sie alle wollten die Beisetzung des letzten Bederkesaer Juden miterleben."

Die Anlage des Judenfriedhofs 1754 erlebte Levin Jacob nicht mehr, da ihn seine Geschäfte erst ins Rheinland und dann nach Holland führten. Acht Quadratruten, das sind ungefähr 160 Quadratmeter, am Rande einer Sandkuhle im Holzurburger Wald weitab vom Ortskern wurden den Juden als Friedhof zugesprochen. „Den gläubigen Juden ist von ihrer Religion her verboten, Gräber nach einer gewissen Ruhezeit aufzulassen und neu zu belegen", merkt Beplate an. Diese ewige Totenruhe sei der Grund, warum die Behörden für jüdische Friedhöfe oft nur solch zweitrangige und abgelegene Flächen hergeben wollten.

„Etwa um 1830 muss die jüdische Gemeinschaft von Bederkesa dann ihre höchste Zahl – bis 40 Personen – erreicht haben", hat Ernst

Beplate recherchiert. Allerdings hat die Größe zu keiner Zeit für eine eigene Synagoge ausgereicht. „Ihren Gottesdienst hielten die Juden stets in der guten Stube der wohlhabendsten Familie ab", erläutert der Ortsheimatpfleger. Doch zu Reichtum kam in Bederkesa kein Mensch. Im Gegenteil: „Einige jüdische Familien wurden regelmäßig von der Israelitischen Armenkasse und der Bederkesaer Armenversorgungsanstalt unterstützt", weiß der Ortsheimatpfleger aus den Archiven.

Das Jahr 1842 brachte neue, wenn auch in vielen Bereichen eingeschränkte Rechte für die Juden des Königreichs Hannover: Von nun an brauchten sie keinen Schutzbrief mehr, wenn sie sich in einem Ort niederlassen wollten. Für das jüdische Leben in Bederkesa war dies der Anfang des schleichenden Endes. „Vom Schutzbriefzwang befreit suchten gerade die jüngeren Gemeindemitglieder neue Wohnorte, in denen sich der Lebensunterhalt leichter verdienen ließ als in Bederkesa", berichtet Beplate. 1866 wurde die geschrumpfte Gemeinde der Ortschaft mit der von Lehe-Geestemünde vereinigt.

Mehrere Grabsteine haben den Vandalismus der Nazizeit überstanden.

Isaac Marcus war der letzte Angehörige der Israelitischen Gemeinde zu Bederkesa. 1902, in seinem 79. Lebensjahr, fand er seine letzte Ruhestätte auf dem Friedhof im Holzurburger Wald. „Zum Begräbnis pilgerte die halbe christliche Einwohnerschaft des Fleckens", erzählt Beplate. „Sie alle wollten ihren Respekt zollen und den – in ihren Augen doch sehr merkwürdigen – Beisetzungsritus des letzten Bederkesaer Juden miterleben." Die Israelitische Gemeinde und mit ihr der Friedhof gerieten langsam in Vergessenheit.

„Erst während der Hitlerzeit erinnerte man sich ihrer wieder", berichtet Beplate. Und das, man kann es sich denken, auf menschenverachtende Weise: „NS-Anhänger warfen die Grabsteine um und zerbrachen einige." Nach dem Zweiten Weltkrieg wurde versucht, den Schaden wiedergutzumachen. „Der amerikanische Ortskommandant von Bederkesa ließ bekannte NS-Parteigenossen aus dem Ort zum Arbeitsdienst antreten, um den Friedhof wiederherzurichten." Wie groß und irreparabel der Schaden war, lässt sich nicht mehr feststellen. Jedenfalls stehen heute auf dem Judenfriedhof noch acht Grabsteine aus der Zeit von 1824 bis 1865. Drei von ihnen tragen mit großen Bruchstellen noch deutliche Spuren des unrühmlichen Vandalismus der Nationalsozialisten. Die Steine sind oft zweisprachig beschriftet: hebräisch auf der einen, deutsch auf der anderen Seite. Insgesamt sind noch rund 30 Grabstellen zu erkennen. Ein paar kleine Steinchen und Kiesel liegen auf den Grabsteinen. Friedhofsbesucher haben sie gemäß einem alten Brauch hinterlassen. Da es beim Auszug der Israeliten aus Ägypten nämlich keine Blumen gab, um die zahlreichen Toten zu bestatten, wurden ihre Gräber mit Steinen markiert. Die Kieselsteine im Holzurburger Wald zeigen, dass die Juden von Bederkesa nicht von allen vergessen wurden.

Marc-Alexander Wagner

So geht's zum Friedhof:

Der Holzurburger Wald nördlich des Bederkesaer Sees beherbergt den Judenfriedhof. Von der Holzurburger Straße führt aus dem Ort kommend nach etwa 1500 Metern ein Weg in den Wald und schließlich zum Friedhof. Rund 200 Meter zuvor gibt es einen kleinen Parkplatz. Aber Vorsicht ist geboten: Es führt weder ein Fuß- noch ein Radweg an der Holzurburger Straße entlang.

An der Stelle, wo Jonni Käsehage steht, muss früher der Kilometerstein 23,9 gestanden haben.

42

Straßengraben

„Der Tod lauert an Kilometerstein 23,9“

Die Autos und Lastwagen rauschen vorbei auf der Landesstraße 135. Die Fahrer ahnen gar nicht, dass sie gerade die Stelle des todbringenden Kilometersteins 23,9 passieren, der so vielen Menschen Unglück und sogar Tod brachte. Ein verhextes, mysteriöses Stück Straße – zumindest, wenn man Presseberichten aus den 1930er-Jahren glauben mag.

„In dem Jahrzehnt sind an dieser Stelle der Bremer Chaussee, wie die Straße damals noch hieß, an die 50 Unfälle passiert“, sagt Jonni Käsehage, der Ortsheimatpfleger in Bramstedt. Es habe sich vornehmlich um Blechschäden und leichte Unfälle gehandelt. Die Nordwestdeutsche Zeitung vermeldete zum Beispiel im September 1930: „Sonntagvormittag, gegen 10 Uhr, ereignete sich, wie uns aus Hagen berichtet wird, ein Autounfall und zwar wieder an der Stelle beim Wege nach Cassebruch (23,9Km. Stein), wo alle die Unfälle der letzten Zeit passierten. An dieser Stelle lagen am Sonntag nicht weniger als zwei Automobile und sieben Krafträder, die sämtlich zur gleichen Zeit verunglückten!" In weiteren Zeitungsartikeln ist auch von Verletzten die Rede. Der Asienforscher Emil Trinkler kam demnach sogar ums Leben.

Der Abschnitt nahe der Kreuzung Hagen-Börsten hatte es damals also zweifelsohne in sich. „Der Gendarm Heinrich Möller aus Bramstedt nahm sich der Sache an. Er beauftragte den Polizeifotografen Hans Bierfischer", erzählt Käsehage. Ein Stapel von Aufnahmen ist im Archiv im Bramstedter Niedersachsenhaus erhalten geblieben. Zu sehen sind einige Laster und die typischen Autos der 30er-Jahre mit den langen Motorhauben und voluminösen Reifen. Sie stehen nach den Unfällen demoliert an Bäumen, sind in den Seitengraben gerutscht, liegen auf dem Kopf. „Bierfischer hat alles genauestens dokumentiert", sagt der Ortsheimatpfleger.

„In den 30er-Jahren sind an dieser Stelle an die 50 Unfälle passiert."

„Die Unfallserie und der verhexte Kilometer wurde schon Anfang der 30er-Jahre weit über die Region hinaus bis in die Hauptstadt Berlin bekannt", sagt Käsehage. Der ADAC stellte zur Warnung ein Schild mit schwarzem Totenkopf und der Aufschrift *Vorsicht! 23,9* auf, das die Behörden aber sehr bald wieder abbauten. Auch der Berliner Lokalanzeiger widmete dem vermeintlich verhexten Kilometer am 20. Oktober 1932 einen ausführlichen Artikel unter der Überschrift „Der Tod lauert am Kilometerstein 23,9". Da war zu lesen: „Der Kilometerstein 23,9 auf der neuen Chaussee Bremen-Bremerhaven spielt seit Eröffnung der Strecke eine unheilvolle Rolle, die nicht mehr aus dem Zufälligen zu kommen scheint: immer wieder haben an dieser Stelle – auf pfeilgerader, tadellos asphaltierter Strecke – schwere Autounfälle sich ereignet."

Die Erklärungen drifteten ins Übernatürliche ab, gespenstische Kräfte seien hier in Hagen-Börsten am Werk. Der Aberglaube sei so weit gegangen, sagt Jonni Käsehage, dass Busfahrer ihre Fahrgäste vor der Stelle aussteigen und zu Fuß den Kilometerstein passieren ließen. „Es kam dann der Wünschelrutengänger Karl Wehrs aus Bremen", erzählt der Ortsheimatpfleger weiter. Der habe, wie der Berliner Lokalanzeiger in seinem Artikel von 1932 berichtet, „in unermüdlichem ‚Abtasten' der Strecke nachzuweisen versucht, dass diese Einflüsse auf Untergrundströmungen und kosmische Strahlen zurückzuführen seien, die sensitiven Menschen gleichsam ins Steuer fallen und auch das Beharrungsvermögen der Materie beeinträchtigen".

Der Wünschelrutengänger hatte damals auch ein Gegenmittel parat: einen selbsterfundenen Entstrahlungsapparat. Dessen Wirkung war aber schon damals umstritten: Als der Kasten wieder ausgegraben wurde, soll es angeblich sofort wieder gerumst haben. In anderen Quellen heißt es wiederum, die Unfälle hörten dann erst auf.

Die Unfallursachen an dieser Stelle bleiben bis heute ein Rätsel.

Käsehage mag an das alles nicht glauben und hält es eher mit dem Oberlandjäger Möller. Der äußerte sich später gegenüber der Nordsee-Zeitung so: „Alles Unsinn!" Er führte die Unfälle darauf zurück, dass die Fahrer vor der Kreuzung Hagen-Börsten bremsten, dann mit der Geraden vor sich wieder stark beschleunigten und ihnen dann plötzlich ein Gedanke in den Kopf schoss. „Hier muss der mysteriöse Kilometerstein 23,9 irgendwo in der Nähe sein, Unachtsamkeit, es wird scharf gebremst, schon ist das Unglück da: Die Wagen landen im Graben oder fahren gegen einen Baum", wird Möller zitiert. Auch Käsehage sagt: „Ich denke jedenfalls nicht an etwas Mysteriöses, wenn ich dort lang fahre." Die Angst vor dem tödlichen Kilometerstein 23,9 sind – wie der Stein selbst – längst verschwunden.

Marc-Alexander Wagner

So geht's zum Straßengraben:

Die mysteriöse Unfallstelle aus den 1930ern liegt auf der Landesstraße 135 ungefähr nördlich der Kreuzung Hagen-Börsten und nahe der Abzweigung in die Bramstedter Straße nach Kassebruch.

Treppenturm

Die Tür zum Glauben

Jutta Siegmeyer ärgert sich immer ein bisschen, wenn sie ihn sieht. Und das geschieht jedes Mal, wenn sie die Hagener Stiftsburg aufsucht. Hier hängt er – wenn man davorsteht – groß und unübersehbar an der linken Gebäudeecke der Front. Die Rede ist von einem quadratischen, überdachten Holzbalkon, der etwas merkwürdig aussieht und irgendwie fehl am Platz wirkt.

Genau das stört Jutta Siegmeyer: Der Balkon gehöre, sagt sie, tatsächlich nicht hierher. Die Ortsheimatpflegerin hat bis 2013 den Kultur- und Heimatverein geleitet. „Und der hat sich dafür eingesetzt, dass diese Burg überhaupt erhalten blieb", erzählt sie. „Bis 1978 waren hier Wohnungen für Mitarbeiter des Amtsgerichts untergebracht. Nach dessen Auflösung hatte die Justizverwaltung keine Verwendung mehr für die Wohnungen." Das Gebäude sei vom Abriss bedroht gewesen. „Dann sind einige Bürger wach geworden und haben bemerkt, welchen Schatz sie hier in ihrer Gemeinde stehen haben", blickt die Ortsheimatpflegerin zurück.

In der Tat – die Burg ist hübsch anzusehen. „In der Größenordnung, wie sie jetzt dasteht, stammt sie nachweislich aus dem Jahr 1502, ihre Anfänge gehen aber etwa auf das Jahr 1200 zurück." Die Burg liegt auf einer kleinen Erhöhung, die künstlich angelegt worden sei. „Das hier ist eine moorige Gegend, die von einem Fluss durchzogen ist", erklärt sie. „Im Mittelalter wurden gerne Burgen in Moorgebieten gebaut, denn sie boten eine hervorragende Schutzmöglichkeit, was so manche Verteidigungsanlage ersparte." Die Burgherren hätten einfach die Ebene unter Wasser gesetzt und den Fluss aufgestaut. „Dann war es wie eine Wasserburg, und durch den Morast drangen die Feinde ohnehin nur sehr schwer und langsam vor."

Doch warum baut jemand an einer solch abgelegenen Stelle eine Burg? „Die Bremer Erzbischöfe waren um 1200 bedroht von den Stedingern, einem Bauernvolk, das rechts und links der Weser nördlich

Der Treppenturm an der Burg zu Hagen.

von Bremen lebte." Die Stedinger hätten holländische Wurzeln gehabt, erzählt Siegmeyer. „Sie wurden von den Erzbischöfen aus Holland beauftragt, weil sie Erfahrung in der Wasserwirtschaft hatten sowie mit dem Bau von Deichen und Entwässerungskanälen", erklärt sie. Die Erzbischöfe hätten die Siedler mit vielen Vorteilen, wie zum Beispiel der Steuerfreiheit, gelockt. „Das hat sich gut entwickelt und zu einem steigenden Selbstbewusstsein der Stedinger geführt, sodass sie sich gegen den Erzbischof erhoben. „Hier in Bramstedt stand die erste Kirche in der ganzen Gegend überhaupt, gegründet um 1000. Die Stedinger griffen die Kirche an, um dem Erzbischof eins auszuwischen." Und da habe sich Erzbischof Hartwig II. (1184-1207) aus dem Geschlecht derer von Uthlede genötigt gesehen, eine Befestigungsanlage zum Schutz der Bramstedter Kirche zu bauen – die Stiftsburg. „Das muss um 1220 oder 1225 gewesen sein, genau weiß man es nicht."

„In der Größenordnung, wie sie jetzt dasteht, stammt sie nachweislich aus dem Jahr 1502, ihre Anfänge gehen aber etwa auf das Jahr 1200 zurück."

Die Auseinandersetzungen dauerten lange und mündeten 1233/34 in einen Kreuzzug gegen die Stedinger. Nach der Schlacht bei Altenesch 1234, die Erzbischof Gerhard II. (1190-1258) siegreich beendete, stellten die Stedinger keine Gefahr mehr für die Bramstedter Kirche dar. „Die Burg wurde trotzdem erhalten und weiter ausgebaut", erzählt Jutta Siegmeyer. Möglicherweise habe es sich anfangs lediglich um eine Holzburg gehandelt, sagt die Ortsheimatpflegerin. Was man aber weiß: Dieser Platz war seither eine erzbischöfliche Residenz. „Ein Erzbischof, Johann Rode, hat um 1502 die Initiative ergriffen und gesagt: bauen wir das noch mal richtig gut aus", sagt Siegmeyer. So entstanden die heutigen Ausmaße der Burg von 30 Meter Länge und zehn Meter Breite. „Die Fenster waren allerdings, wie für norddeutsche Burgen typisch, wesentlich kleiner als heute."
Es folgten schwere Zeiten für die Burg: „Die Reformation breitete sich aus, die Glaubenskämpfe wogten hin und her und zogen im Schmalkaldischen Krieg und in der Münsterschen Fehde auch die Burg Hagen in Mitleidenschaft, da sie ja eine Festung des katholischen Erzbischofs war." Und am Ende des Dreißigjährigen Krieges, also 1648, seien die

Burg Hagen und weite Teile Norddeutschlands an das Königshaus Schweden gefallen. 1720 wurde die Stiftsburg an das Königreich Hannover verkauft.

Und der Turmbalkon? „Der gehört eigentlich nicht nach Norddeutschland“, betont Jutta Siegmeyer. Als in den 1980er-Jahren in Hagen überlegt wurde, wie man das Gebäude nutzen kann und man sich entschloss, die Burg zu sanieren, habe der Architekt befunden, dass die Burg ein kleines Türmchen braucht. „Und zwar an dieser Stelle, weil dahinter der Kapellenraum liegt.“ Der Architekt habe damit verdeutlichen wollen: „Von hier aus nach Bramstedt sind es ungefähr vier Kilometer zu Fuß, deshalb wurde der Dorfbevölkerung erlaubt, dass in der erzbischöflichen Kapelle auch Gottesdienst stattfand. Die Dorfbewohner durften nicht ins Haus selbst, sondern sind über die Außentreppe direkt in die Kapelle gekommen“, erzählt Jutta Siegmeyer. Während der Renovierung habe man eine ausgetretene Stufe entdeckt und Hinweise darauf, dass sich dort einst eine Tür befand. „Also muss es im Mittelalter einen hölzernen Treppenaufgang gegeben haben, und der Turmbalkon symbolisiert den Aufgang“, sagt Jutta Siegmeyer. Anders gesagt: Er symbolisiert die Treppe zum Glauben.

Eva-Maria Bast

So geht's zum Treppenturm:

Er befindet sich an der Vorderfront der Burg zu Hagen. Diese ist weiträumig ausgeschildert.

Jutta Siegmeyer unter dem Wappen.

44

Wappenstein

Gott allein soll drüber richten

G*SAMAVE*. Alles klar? Nein? Dann wollen wir es erklären. *GSAMAVE* lautet die Inschrift eines Wappens über der Tür des Eingangs zur Burg Hagen. Jutta Siegmeyer, äußerst engagierte Ortsheimatpflegerin, kann die Buchstaben erklären.

Aber bevor sie das Geheimnis der Buchstaben lüftet, widmet sie sich dem Wappen. „Es gehört Heinrich III. von Sachsen-Lauenburg", sagt sie. „Er lebte von 1550 bis 1585 und kam als dritter Sohn der Familie für die Erbfolge im Herzogtum Sachsen-Lauenburg nicht infrage." Aus diesem Grund ließ ihn sein Vater, Herzog Franz I. von Lauenburg (1510-1581), in Köln für den Klerus ausbilden. „Und als Heinrich 17 Jahre alt war, erhandelte ihm der Vater 1567 das Amt des Erzbischofs im Erzstift Bremen, indem er auf Landgebiete im Elbe-Weser-Dreieck verzichtete." Dieser Handel fiel in eine Zeit, in der zahlreiche Stände zum protestantischen Glauben konvertierten, beispielsweise auch das Bremer Domkapitel – Heinrich wurde also protestantischer Erzbischof, allerdings ohne dass der Papst ihn anerkannt hätte. Aber Rom war schließlich weit entfernt. Und obendrein, erzählt Jutta Siegmeyer, hatte Heinrich eine Geliebte aus Köln mitgebracht: die Bürgermeistertochter Anna von Broich. Diese hatte er, wie die ehemalige Leiterin des Heimat- und Kulturvereins erzählt, während seiner Ausbildung kennen und lieben gelernt – was einem Skandal gleichkam. Zum einen war Anna nicht standesgemäß, ein Umstand, für den die morganatische Ehe oder auch Ehe zur linken Hand vorgesehen war, bei der einer der beiden Ehepartner einen niedereren Stand hatte als der andere. Zum anderen war Heinrich immerhin Erzbischof, seit 1574 auch katholischer Bischof von Osnabrück. Und katholische geistliche Würdenträger durften nicht heiraten.

„Als Heinrich 17 Jahre alt war, hat ihm der Vater 1567 die Stelle des Erzbischofs im Erzstift Bremen, das zu seiner Zeit das ganze Elbe-Weser-Dreieck umfasste, ausgehandelt.“

Doch Heinrich konnten die gesellschaftlichen Einwände nicht von seiner Liebe abbringen: Er heiratete seine Anna zunächst heimlich am 25. Oktober 1575. In der Heiratsurkunde beteuert er, er wolle nicht in Sünde leben. „Und obendrein wurde er danach, 1579, noch zum Administrator des Bistums Paderborn gewählt“, sagt Jutta Siegmeyer und kommentiert: „Alles war möglich mit Geld und Beziehungen.“ Doch Rom akzeptierte auch diese Wahl nicht.

So weit, so interessant. Aber was hat das mit den Buchstaben zu tun? „Ihre wirkliche Bedeutung haben wir in Hagen auch erst 2014 erfahren, bis dahin gab es nur Deutungsversuche“, sagt Jutta Siegmeyer. „Elfriede Bachmann, eine renommierte Bremervörder Historikerin, hat das herausgefunden. Alle Fürsten und Bischöfe hatten zu dieser Zeit einen Wahlspruch oder ein Motto. Und diesen Wahlspruch hat Heinrich III. hier abgekürzt durch die Versalien in deutscher Sprache dargestellt: *G S A M A V E.* Gott sei allein mein Anfang und mein Ende. Das V, erläutert sie, sei wie ein U zu lesen. „Er hat also seine Frömmigkeit zum Ausdruck gebracht. Und vielleicht auch klar-

Wappen mit geheimnisvollen Buchstaben.

gemacht, dass es Gott allein zusteht, darüber zu richten, ob er ein gottgefälliges Leben geführt hat", interpretiert Jutta Siegmeyer. Wobei sich Heinrich vielleicht später manchmal gedacht haben mag, dass Gott ihn für die vermeintliche Sünde der Hochzeit strafte: „Seine Frau muss ein richtiger Drache gewesen sein. Jedenfalls wurde ihr nachgesagt, sie habe ihn zu Tode gepflegt, nachdem er 1585 vom Pferd gefallen war. Er starb schließlich an den Folgen des Sturzes." Als Witwensitz hat Anna ein Gut in Beverstedtermühlen bewohnt und eine Pferdezucht betrieben. „Aber sie war ausgesprochen unbeliebt." Übrigens: Heute ist in der Burg Hagen das Standesamt untergebracht. Wenn es stimmt, was man über Anna sagt, dann ist den Männern, die hier heiraten, zu wünschen, dass sie glücklicher werden als der arme Heinrich. Und den Frauen natürlich auch.

Eva-Maria Bast

So geht's zum Wappenstein:

Er hängt über dem Eingang der Burg zu Hagen. Diese ist ab der Ortsmitte Hagen ausgeschildert.

Barbara Fixy kennt die Sagen, die das Grab von Hake Betcken umwittern.

45

Gruft

Nur die Tauben waren Zeugen

Hake Betcken ist tot. Er wurde bestohlen, beraubt und ermordet. Was sicher nicht der einzige tragische Mordfall in einem Jahr war, das den Beginn des Dreißigjährigen Krieges (1618-1648) markiert, halten zumindest die rund 260 Einwohner der Ortschaft Büttel in der Gemeinde Loxstedt seit Jahrhunderten in Erinnerung. So bedauerlich war der unzeitige Tod des beliebten und wohlhabenden Bauern, so außergewöhnlich waren die Umstände, die zur Ergreifung seiner Mörder führten, dass die Kriminalgeschichte stets von einer Generation an die nächste weitergegeben wird. Nur so viel sei an dieser Stelle schon verraten: Eine Schar Tauben soll dafür gesorgt haben, dass die Tat schließlich aufgeklärt wurde.

Barbara Fixy, die sich als Redakteurin der Nordsee-Zeitung seit vielen Jahren um die Gemeinden Loxstedt und Schiffdorf kümmert, kann bei den Ermittlungen helfen: „Die letzte verbliebene Spur des Mordfalls führt zur St.-Marienkirche mitten im Dorf. Dort, auf dem kleinen Bütteler Friedhof, liegt die Gruft, in der Hake Betcken seine letzte Ruhe gefunden hat", berichtet sie. Etwa 80 Zentimeter hoch aufgemauert, wurde die Grabstätte mit zwei schweren grauen Platten aus Sandstein verschlossen. „Die Inschriften sind verwittert und nur noch mit Mühe zu entziffern", beschreibt Fixy. Es steht dort geschrieben: *Anno 1618 den 27. October, in der Nacht tho 2 Uhr, ys de irsome und vorneme Hake Betcken up dem Lesmer Felde ehrbbaermlik van den nahbenannten dre Mörders ermordet, berovet unde bestalen. – Siner Seelen Godt gnedigh ist.*

Ehrsam, vornehm und hoch angesehen sei Hake Betcken bis zu seinem gewaltsamen Tod gewesen, betont die Loxstedt-Kennerin. Der Mord lässt sich in offiziellen Dokumenten nachlesen. Das Bütteler Kirchenbuch berichtet wie folgt: „Am 27. Oktober 1618 ist Hake Betcken auf dem Lesumer Feld ermordet worden, als er nach Viehgeschäften aus Braunschweig zurückkam." Ein bis heute sichtbares Vermächtnis des Hake Betcken sei auch sein Anwesen direkt neben der Kirche, erzählt Fixy. Auf dem Betcken-Hof, der bis vor wenigen Jahren im Familienbesitz war, steht heute noch Büttels ältestes Haus, ein Speicher aus dem Jahr 1595. Dieser hat damals wohl auch als Festung gedient, in die sich die Einwohner zurückzogen, wenn Räuber oder marodierende Soldaten die Gegend durchstreiften.

„Damit war er sozusagen unbewaffnet, denn die Pistolen mussten damals nach jedem Schuss nachgeladen werden."

Doch Betcken nutzte das gesicherte Zuhause nichts. Laut Grabinschrift wurde er erbärmlich ermordet, beraubt und bestohlen. Wer mehr erfahren will, muss auf Erzählungen und Überlieferungen zurückgreifen. „Jedes Jahr reiste Betcken weit nach Hannover oder

Braunschweig, um auf Viehmärkten seine fetten Marschenrinder mit viel Gewinn zu verkaufen", erzählt Barbara Fixy. „Das hat er auch im Oktober 1618 mit großem Erfolg getan und war mit viel Geld auf dem Weg zurück nach Büttel." Doch dort sollte er nie ankommen.

Bei Bremen sei Betcken wohl seinen späteren Mördern begegnet, erzählt die Redakteurin. Deren Namen wurden auf den Gruftplatten verewigt: *Des Vagedes Sone tho Wrem, Widern Frese, un de Johan Hilliken uth der Bolkauw un de Frerich Rinsel van Berlin uth de Marke.* Einen von ihnen, Willem Freese, Jungbauer und Sohn des Vogtes zu Wremen, kannte Hake Betcken offenbar. So ließ sich der Bauer im Lesumer Holz auch zu einem kleinen Wettrennen überreden. Auf zwei verschiedenen Wegen wollten die Männer durch das Wäldchen reiten. Wer zuerst am Ziel ankam, sollte seine Pistole abfeuern. Das tat Betcken. „Damit war er sozusagen unbewaffnet, denn die Pistolen mussten damals nach jedem Schuss nachgeladen werden", erklärt Fixy die List. Der hinterhältige Plan der drei Männer ging also auf. Hake Betcken gab sein Geld, flehte um sein Leben. Doch es bewahrte ihn nicht vor dem Pistolenschuss, der ihn tödlich getroffen vom Pferde fallen ließ. Der Überlieferung nach sah der Bütteler im Sterben, wie ein Schwarm Tauben am Himmel vorbeizog. Mit letzter Kraft soll er gerufen haben: „Ji Duven, ji Duven! Bringt dat an den Dag!" Die Tauben sollten das Verbrechen ans Licht bringen. „In einer anderen Version der Geschichte wird auch von Wildenten gesprochen", räumt Fixy ein.

Eine spannende Kriminalgeschichte steckt hinter der Inschrift auf den steinernen Gruftplatten auf dem Bütteler Friedhof.

Zunächst schien es so, als könnten die Mörder ihrer gerechten Strafe entgehen. Jahre zogen ins Land, und über Hake Betckens Grab war längst Gras gewachsen. Erst als die drei Mörder nach ihrer

Rückkehr von einem Feldzug in Böhmen den Viehmarkt in Dedesdorf, einem Nachbarort von Büttel, besucht hatten, erfüllte sich die Prophezeiung ihres Opfers. So will es zumindest die Legende. Als ein Vogelschwarm aufflog, soll einer der drei finsteren Gesellen ausgerufen haben: „Süh, dat sünd Hake Betcken siene Duven!" Da wurden Bekannte des Ermordeten hellhörig und zeigten die drei Männer an. Während der Folter bekannten die Mörder schließlich ihre Schuld und schilderten die Tat. Nach der weltlichen Strafe fordert die Grabinschrift schließlich: *Godt gewe den Mördern ehr verdeende Lohn.* – Gott gebe den Mördern ihren verdienten Lohn.

Die Vögel hingegen, seien es nun Tauben oder Wildenten, halten die Bütteler seit damals in Ehren. Auf dem alten Grabstein von Hake Betcken ist auf jeder Ecke ein Vogel abgebildet. Und selbst das Wappen von Büttel, das am Ortseingang hängt, ist rot – mit drei silbernen Vögeln, die aufeinander zufliegen.

Marc-Alexander Wagner

So geht's zur Gruft:

Büttel ist ein kleines Dorf, rund elf Kilometer südlich von Bremerhaven. Von Osten, also von der Autobahn 27 kommend, liegt die St.-Marienkirche und der zugehörige Kirchhof samt der Gruft von Hake Betcken gleich in der ersten Straße rechts. Sie heißt – wie könnte es anders sein – Hake-Betcken-Straße.

Stotels Ortsheimatpfleger Karl-Heinz Bellmer hat sich auf die Spur des Alten Postwegs begeben.

46

Kopfsteinpflaster

Der einzig sichere Weg

Irgendwo hinter der Wand aus hohen Bäumen hört man sie, diese ungeheuerlichen, pferdelosen Wagen, die unablässig mit lautem Motorengeheul vorbeirasen. Hier, auf einem kurzen Wegstück zwischen Stotel und Nesse, nahe der lange als Bundesstraße 6 bekannten Landesstraße 135, darf man sich hingegen 200 Jahre zurückversetzt fühlen, in eine Zeit, als das Leben noch ruhiger und das Tempo um einige Gänge langsamer war. Über das Kopfsteinpflaster, das den Weg heute noch befestigt, bewegten sich im 19.

Jahrhundert schon Pferdekutschen und Postreiter voran. Diese rund 700 Meter lange Straße, die heute den Namen Stoteler Straße trägt und nur noch für die wenigen Anlieger von Belang ist, war damals Teil der bedeutendsten Nord-Süd-Verbindung in der Region.

Aus heutiger Sicht lässt sich leicht vergessen, wie mühsam und buchstäblich unwegsam die Reise durch die Region einst war. „Hier führte die einzig sichere Route zwischen Bremen und Cuxhaven entlang. Sie wurde viele Jahrhunderte lang als Handels- und Heerweg genutzt", berichtet Stotels Ortsheimatpfleger Karl-Heinz Bellmer. Der Grund dafür liegt in der Geografie: Während sonst sumpfiges Gebiet, weite Marschflächen, Moore und Flüsse die direkte Strecke versperrten, bot der Weg am Rande des Geestrückens Hohe Lieth einen sandigen und trockenen, mithin festen, sicheren Boden. „Die Verbindung war deshalb schon von großer Bedeutung, lange bevor hier das Kopfsteinpflaster verlegt wurde", sagt Bellmer. Hinweise darauf geben zahlreiche historische Funde entlang der Strecke wie die Pipinsburg oder die Hollburg, Reste von Verteidigungsanlagen aus dem 9. und 10. Jahrhundert. Noch weiter zurück reichen die zahlreichen Grabstellen am Wegesrand aus der jüngeren Steinzeit und der Bronzezeit.

Vor gut 200 Jahren wurde das Kopfsteinpflaster zwischen Stotel und Nesse verlegt.

Höchste Relevanz erlangte die Verbindung im 18. Jahrhundert. Mangels würdiger Thronfolger für das englische Königshaus wurde 1714 Kurfürst Georg Ludwig von Hannover (1660 – 1727) als Georg I. zum neuen König von England gekrönt. Bis 1837, mehr als 100 Jahre, bestand diese Personalunion zwischen dem Kurfürstentum Hannover und dem englischen Königshaus. Der neue Wohn- und Dienstsitz in London machte eine Ausweitung des hannoverschen Postwesens nötig. „Die Herrscher ließen sich ihre Dienstpost durch Postkutschen und Postreiter von Hannover über Nienburg nach Cuxhaven bringen, von wo aus sie dann nach England verschifft wurde", berichtet Bellmer. Dafür kam ab Bremen nur eine Verbindung infrage. „Auf diese Zeit geht auch der heutige Name Alter Postweg für die gesamte Strecke von Bremen nach Cuxhaven zurück", ergänzt der Ortsheimatpfleger.

Am 18. September 1819 erfolgte seitens der Königlichen Provinzialregierung der Beschluss, die Straße zwischen Nesse und Stotel anzulegen. Im Januar 1820 war auch das Geld bewilligt: „2500 Reichsthaler." So lässt es sich in den Aktennotizen zur „Anlage der Chaussee von Lehe nach Bremen" im Staatsarchiv Stade nachlesen.

Doch die Wegverbindung brachte auch Einnahmen. Am südlichen Ende des Kopfsteinpflasters stand ein Zollhaus, wie Karl-Heinz Bellmer auf einer Karte der Kurhannoverschen Landesaufnahme von 1768 zeigt. „Wer auf dem Landweg zwischen Lehe und Bremen unterwegs war, musste hier dem Grafen von Stotel und später den bremischen Amtmännern des Amtes Stotel den Brücken- und Wegezoll entrichten", erzählt Bellmer. Selbst die genauen Preise von 1820 lassen sich noch in den Archiven nachlesen: Eine Person zu Fuß zahlte einen Pfennig, der Transport einer einzelnen Gans hingegen kostete zwei Pfennige, für „Pferd, Ochs, Kuh, Schwein oder andere Thier größerer Gattung" waren je 6 Pfennig fällig. Der teuerste Tarif von „einem guten Groschen und zwei Pfennigen" musste für einen Wagen mit vier Pferden gezahlt werden.

„Hier führte die einzig sichere Route zwischen Bremen und Cuxhaven entlang."

Stück für Stück wurde in den ersten Jahrzehnten des 20. Jahrhunderts das alte Kopfsteinpflaster asphaltiert. Das Wegstück bei Stotel blieb nur deshalb erhalten, weil eine andere, geradere Strecke gebaut wurde. „Die neue Straße, vor allem ein Werk des Tiefbauunternehmers Martin Otten aus Lohe bei Bramstedt, schneidet die starken Krümmungen der Chaussee bei Stotel ab, die Wegverkürzung beträgt 0,4 km", berichtete am 10. Januar 1933 die Zeitung Wesermünder Neueste Nachrichten über die Einweihung des neuen Teilstücks. Der Reporter lieferte auch den Grund: „Ursache des

Baues, der einschließlich der neuen Lunebrücke 250 000 Mk. gekostet hat, ist die gewaltige Entwicklung des Kraftfahrwesens." Karl-Heinz Bellmer ergänzt: „Seitdem spielt dieses Teilstück zwischen Stotel und Nesse keine Rolle mehr für den Verkehr. Es wurde abgelöst durch die Bundesstraße 6, die heutige Landesstraße 135, und auch die Autobahn 27." Dort spielt sich der Verkehr der inzwischen pferdelosen Wagen heute ab, auf Asphalt und nicht mehr auf Kopfsteinpflaster.

Marc-Alexander Wagner

So geht's zum Kopfsteinpflaster:

Das Teilstück der alten Poststraße heißt heute Stoteler Straße und führt von der Landesstraße 135 bei Nesse bis nach Stotel.

Durch diesen zugemauerten Eingang betraten früher nur die Männer die Kirche.

47

Ziegelsteine

Spurensuche im Mauerwerk

Was hat die Schiffdorfer nur dazu bewogen, einen Zugang zu ihrer Kirche für immer zu verschließen? Ganz deutlich ist doch der Rundbogen noch zu erkennen, der einst die Tür einfasste. Um dieser Frage auf den Grund zu gehen, gibt es wohl kaum einen besseren Ansprechpartner als Heiko Ricken. In einer geradezu detektivischen Spurensuche hat der geschichtsinteressierte Schiffdorfer die Kirche seines Heimatorts untersucht. „Die Martinskirche hat so viel zu erzählen", sagt er. „Fast 900 Jahre Bau- und Liturgiegeschichte lassen sich an ihr ablesen, wenn man nur genau hinschaut.“ Ausgangspunkt ist für ihn dabei das Mosaik aus vielen unterschiedlichen Ziegelsteinen, die zusammen ein erhabenes, geschichtsträchtiges Gesamtbild ergeben. „Das Mauerwerk lässt sich lesen wie die Jahresringe eines Baums“, findet Ricken.

Akribisch hat er unzählige Steine der Kirche untersucht und nach Dicke, Größe, Farbe, Format und Alter kategorisiert. „Wir sehen hier dunkle, hellrote, fast schwarze und braune Ziegel. Die Farbe der Ziegel hängt in erster Linie von den enthaltenen Mineralien ab. Sie konnte aber auch beim Brennen der Ziegel beeinflusst werden“, nennt er ein Kriterium seiner Untersuchungen. „Dann finden wir dicke und dünne Klosterformatsteine, aber auch so genannte Normalformatsteine unterschiedlichen Alters. Einen allgemein gültigen Standard gab es noch nicht, jeder Mönchsorden und bisweilen sogar jedes Kloster strebte ein eigenes Idealmaß bei der Ziegelproduktion an“, erläutert der Bauingenieur im Ruhestand. „Diese Backsteine wurden wie ein Kuchenteig geschnitten.“ Keine sehr präzise Art der Herstellung, wie Ricken herausgefunden hat. Er hat Maß angelegt: „Von 100 gemessenen Steinen waren keine 20 Stück gleich dick.“

Die Steine im unteren Bereich des Mauerwerks, zwischen 4,1 und 6,1 Zentimeter dicke Ziegel mit fischgrätartigen Riefen, geben Auskunft über das vermutliche Alter der Schiffdorfer Martinskirche. „Dies sind die ersten Ziegelsteine ihrer Art nach ihrer Neuerfindung in Deutschland – das war etwa im Jahr 1150.“ Auf diesen Zeitraum datiert Ricken auch den Bau der Schiffdorfer Martinskirche, einer Saalkirche ohne freistehende Stützen im Innenraum. Es sei aber anzunehmen, dass hier zuvor eine Vorgängerkirche, eine Kapelle aus Feldsteinen oder gar aus Holz gestanden habe, merkt der Rentner an. „Wahrscheinlich gab es an dieser Stelle sogar schon ein heidnisches Heiligtum des in unserer Gegend lebenden Germanenstamms der Chauken, denn die christlichen Missionare bauten ihre Kirchen bewusst an solch symbolträchtigen Stellen. Sie wollten so die Überlegenheit des christlichen Glaubens demonstrieren, aber auch die Wandergewohnheiten der Bewohner zu einem vertrauten Ort nutzen.“

„Das Mauerwerk lässt sich lesen wie die Jahresringe eines Baums.“

Ursprünglich hatte die Martinskirche keinen Turm, wie Ricken an dessen leichter Schräglage und einigen Setzungsrissen ablesen kann. „Aus Sicherheitsgründen musste ein Wehrturm erstellt werden", vermutet Ricken. „Wenn man vom Turm aus Ausschau hielt, konnte man drohende Gefahren und Feinde schon entdecken, wenn diese noch in weiter Ferne waren." Die westliche Giebelwand der Martinskirche wurde für den Anbau geöffnet. Die Ost-Seite des Turms wurde in die Kirchenmauer integriert und fußte auf deren stabilem Fundament, für die West-Seite wurde der Unterbau neu hergestellt. „Dies geschah wahrscheinlich Hundert Jahre nach dem Bau der Kirche, also um 1250. Da aber das neue Fundament der äußeren Turmhälfte noch einige Zentimeter einsank, muss sich in der Folge der Turm etwas aus der Giebelwand gelöst haben, was zu den Rissen im Mauerwerk führte", folgert der Schiffdorfer.

Heiko Ricken hat die Martinskirche beinahe Stein für Stein untersucht.

Nun aber zurück zum eingemauerten Eingang: Auch dieses Rätsel kann Heiko Ricken lösen: „Die Kirchen des Mittelalters hatten in der Regel je einen Eingang an der Süd- und einen an der Nordseite." Der südliche sei für die Männer, der nördliche für die Frauen bestimmt gewesen. Dies war Teil einer ohnehin sehr strengen kirchlichen Platzordnung im Mittelalter. Der Ursprung dieser strikten Geschlechtertrennung ist unter Kirchenforschern umstritten. Aber schon in den Schriften des Theologen und Erzbischofs von Trier, Amalarius von Metz (775-850), ist davon zu lesen. Den Frauen gesteht der Liturgiker den sicheren, nördlichen Teil des Gotteshauses zu, die Männer als vermeintlich stärkeres Geschlecht postiert er im Süden – näher an den Versuchungen der „Glut dieser Welt", wie Amalarius schrieb.

In Schiffdorf war diese strenge Tradition mit dem Einzug der Reformation passé. Ricken, der auch zahlreiche andere Kirchen besucht hat, um Parallelen und Vergleiche zur Martinskirche zu ziehen, weiß: „An einigen Kirchen Norddeutschlands wurden beide Seitentüren vermauert und ein neuer Eingang an der Westseite geschaffen. Dort steht an unserer Kirche allerdings der angebaute Turm." So wurde in Schiffdorf also nur der südliche Zugang zugemauert, während der nördliche, „weibliche" Eingang erhalten und zur Pforte für alle Gläubigen gemacht wurde. Und durch diese Tür gehen die Schiffdorfer noch heute, Männer wie Frauen.

Marc-Alexander Wagner

So geht's zu den Ziegelsteinen:

Die Martinskirche befindet sich zentral im Ort direkt gegenüber dem Rathaus. Der zugemauerte Eingang liegt von der Straße kommend auf der rechten Gebäudeseite.

Reste eines Steinhügels, unter dem jahrzehntelang ein Traktor versteckt war.

48

Steinbrocken

Zwei versteckte Kostbarkeiten

Auch ein halbes Jahrhundert später kommt Manfred Brinschwitz nicht aus dem Kopfschütteln heraus, wenn er die Geschichte von damals erzählt. Und wenn er die Steine sieht, die hier nahe des Fliegerhorsts Nordholz noch vereinzelt herumliegen, muss er schmunzeln. „Das sind Reste eines Steinhaufens, unter dem ich eine ganz unglaubliche Entdeckung machte", beginnt er die Geschichte zu erzählen. „Anhand dieses Fundes – und somit auch anhand dieser Steine – lässt sich ein wichtiges

Kapitel Regionalgeschichte erzählen. Denn der Fund steht in Zusammenhang mit dem Zweiten Weltkrieg."

Eines schönen Tages in den 1990er-Jahren, ging Manfred Brinschwitz in Nordholz spazieren und entdeckte in einer alten, halb verfallenen Feldscheune, eingepackt in Stroh und kaum erkennbar, einen alten Lanz-Bulldog, 25 PS, Baujahr 42. „Die Bretter waren marode und es fehlten einige, sodass man in die Scheune hineinsehen konnte", erinnert er sich. „Aus diesem Stroh guckte ein kleiner Teil des Auspuffs heraus." Brinschwitz erkannte ihn sofort als Lanz-Auspuff. „Der ist sehr markant", sagt er. „Das war der Auslöser für mich nachzusehen."
Das Herz des Mechanikers schlug höher, er konnte sein Glück kaum fassen – und fragte sich außerdem, wer einen Bulldog dermaßen gut versteckt. Er begann zu recherchieren und fand heraus, dass es um den Bulldog einst Erbstreitigkeiten gegeben hatte: „Ein Vater hatte den Lanz-Bulldog vor seinen streitsüchtigen Söhnen versteckt, weil er nicht wollte, dass sie nach seinem Tod auch darum streiten." Auf die Idee, die Sache testamentarisch zu regeln, kam er wohl nicht. Der Plan ging auf, die Söhne fanden den Bulldog nicht – sie kümmerten sich, wie Brinschwitz herausfand, offenbar auch nicht darum, lebten woandes, aber Manfred Brinschwitz entdeckte ihn Jahrzehnte später. Und er machte auch die Söhne ausfindig. Zunächst nur einen, dem er den Bulldog abkaufte. Anschließend fand er auch den anderen, den Bruder. „Die waren immer noch verstritten und der Bruder hatte den Fahrzeugbrief und wollte ihn mir nicht geben, weil ich das Geld dem anderen gegeben hatte." Doch kurz vor seinem Tod habe der Mann ihm den Fahrzeugbrief dann überreicht.

Ein Bulldog kommt selten allein: Manfred Brinschwitz fand an jenem Tag nicht nur einen, sondern zwei: „Ich bin um die Scheune herumgelaufen und stand plötzlich vor einem Steinhaufen, der war vielleicht einen Meter hoch", sagt Brinschwitz. Zunächst dachte er sich nichts weiter. „Früher waren neben den Feldern immer Haufen von abgesammelten Feldsteinen." Doch irgendwie hatte er so eine Ahnung und begann, die Steine beiseite zu räumen. Und siehe da: Unter dem Steinhaufen lag ein weiterer Bulldog begraben. „Wie lange er da schon liegen musste, konnte man auch daran erkennen, dass aus dem Steinhaufen bereits Birken wuchsen“, erzählt Brinschwitz. Einen guten Eindruck machte das Fahrzeug nicht: „Erst habe ich ihn liegen lassen und gedacht: Was soll ich mit so einem alten Schrott. Aber zu Hause ließ mir das keine Ruhe – also bin ich nochmal hingefahren.“

Vor Ort begann der Landmaschinen-Mechaniker zu graben – denn der Torso des Bulldogs war teilweise eingewachsen. „Ich habe tatsächlich ein Typenschild entdeckt, und zwar aus dem Baujahr 1938. Es handelte sich also um einen Kriegsbulldog.“ Nun war die Neugier des Manfred Brinschwitz endgültig geweckt. Er wollte herausfinden, warum ein Bulldog an dieser Stelle abgelegt und mit Steinen bedeckt wurde. „Denn in der Kriegszeit hatten diese Bulldogs ja auch schon einen gewissen Wert. Wer konnte es sich leisten, einen zu vergraben?“ Brinschwitz ließ nicht locker und machte einen Mann ausfindig, der es wusste. „Und der hat mir erzählt, dass der Bulldog kurz vor dem Krieg versteckt worden ist.“ Der Besitzer, erzählt Brinschwitz, habe das Fahrzeug unbedingt behalten wollen. „Die Landwirte mussten ihre Maschinen an die Wehrmacht abgeben“, erzählt Brinschwitz. „Pferdegespanne und Schlepper und alles, was sich dreht und was ziehen konnte, wurde eingesetzt.“ Also habe der Bauer den Bulldog verschwinden lassen. „Wahrscheinlich hatte er ihn von Anfang an nicht gemeldet, sonst wäre das nicht so einfach gewesen“, überlegt Brinschwitz. Für die Feldarbeit einsetzen konnte er ihn dann allerdings nicht mehr. „Wie überall mussten seine Leute die Felder nun per Handarbeit bestellen“, sagt Brinschwitz. „Aber was heißt die Leute: Es waren Frauen und Kinder, die die Felder beackerten. Die Männer waren ja im Krieg.“ Er erinnere sich noch an eine Frau, die ihm erzählte, wie sie im Krieg zunächst mit einem Pferdegespann pflügten und dann, als sie keine Pferde mehr hatten, weil sie die Tiere zur Wehrmacht abgeben mussten, per Hand.

„Die Landwirte mussten ihre Maschinen an die Wehrmacht abgeben.“

Ob der Bauer, der den Bulldog versteckte, im Krieg fiel oder welches Schicksal er sonst erlitt – das Fahrzeug wurde nie wieder ausgegraben. Es geriet in Vergessenheit. Bis Manfred Brinschwitz kam – und zunächst in unmittelbarer Nachbarschaft einen ganz anderen Bulldog entdeckte. Es ist schon ein großer Zufall, dass auf wenigen Quadratmetern gleich zwei Traktoren versteckt waren – oder? „Nein", findet Manfred Brinschwitz. „Ganz und gar nicht. Ich gehe davon aus, dass der Besitzer des zweiten Bulldogs vom versteckten ersten wusste und so erst auf die Idee gekommen ist. Nur versteckte er den Traktor nicht vor der Wehrmacht, sondern vor seinen Erben."

Brinschwitz machte also die rechtmäßigen Besitzer beider Traktoren ausfindig, kaufte die beiden Fahrzeuge, zerlegte sie in Einzelteile und restaurierte sie in liebe- und mühevoller Fleißarbeit. Drei Jahre arbeitete er daran. „Ich finde es faszinierend, was die Ingenieure früher alles konnten und wie sie die Maschinen gebaut und berechnet haben. Ohne Unterstützung der heutigen Technik."

„Anhand dieses Fundes – und somit auch anhand dieser Steine – lässt sich ein wichtiges Kapitel Regionalgeschichte erzählen."

Das ist jedoch nicht das Einzige, was ihn so fasziniert: „Diese Maschinen haben ja auch eine Identität", erklärt er. „Sie sind damals hier ausgeliefert worden und haben ihren Standort nie verlassen. Das ist für mich Heimatgeschichte zum Anfassen."

Übrigens: Brinschwitz hat den Bulldog nicht nur zusammengesetzt, sondern ihn auch wieder fahrtüchtig gemacht. Stolz demonstriert er das Anlassen in seiner Garagen-Werkstatt, in der noch weitere Bulldogs stehen. „Der Startvorgang dauert eine Viertelstunde", sagt er. „Da muss man erst mal die Glühnase vorheizen mit einer speziellen Heizlampe, zehn Minuten etwa, dann wird mit dem Lenkrad der Motor gestartet: Man nimmt es ab, steckt es an anderer Stelle auf und nutzt es nun als Andrehhilfe für den Motor." Ohnehin habe man früher das Lenkrad häufig abgenommen – es diente dann gleichzeitig als Diebstahlschutz. „Der schönste Moment, den ich in meinem Leben als Motorenschlosser erlebt habe, war, als ich den Bulldog gestartet habe und er zum ersten Mal nach 70 Jahren gelaufen ist."

Inzwischen hat Manfred Brinschwitz darin schon Übung. Und er demonstriert es gern. Der Motor hustet und spuckt, schwarzer

Rauch steigt auf und dann: läuft die Maschine. Und Manfred Brinschwitz' Augen leuchten wie die eines Kindes an Weihnachten.

Eva-Maria Bast

So geht's zu den Steinbrocken:

Sie liegen in Nordholz neben dem Flugplatz am Wegesrand: südlich des Flughafens direkt am Sperrzaun.

Renate Grützner wagt einen Blick durch das schmiedeeiserne Tor.

49

Waldstück

Die Angst vor den Engländern

Es scheint, als hätte sie selbst Deckung gesucht – und das recht wirkungsvoll. Aus der Ferne wirkt sie wie ein unscheinbarer Hain auf einer ehemaligen Pfarrweide zwischen Wremen und Schmarren. Doch was sich hier unter und hinter hohen Bäumen versteckt, ist ein vergessenes Stück militärischer Heimatgeschichte: die Anlage der Kaiserliche Haubitzenbatterie in Wremen. „Von hier aus sollte vor Hundert Jahren eine Matrosenartillerie-Abteilung der Kaiserlichen Marine verhindern, dass feindliche Schiffe – damit waren vor allem die Engländer gemeint – in die Weser eindringen", berichtet Wremens Ortsheimatpflegerin Renate Grützner.

Ein einsamer, etwa 500 Meter langer Schotterweg führt vom Ortsrand bis zur Batterie. Inzwischen überwuchern ihn längst einen Meter hohe Gräser und belegen, dass sich wohl nur noch selten eine Menschenseele hierhin verirrt. Die Batterie ist rundum von einem Wallgraben umgeben, etwa 15 Meter breit und drei Meter tief. Nur eine kleine Aussparung ermöglichte am Eingang den ebenerdigen Zutritt. Hier steht – heute genauso wie damals am Anfang des 20. Jahrhunderts – ein schmiedeeisernes Tor, das unbefugtes Betreten verhindert. Mehr noch als das Tor dürfte aber der Warnhinweis *Explosionsgefahr* dafür sorgen, dass tatsächlich niemand das Gelände leichtsinnig erkundet.

Je nach Bewuchs und Jahreszeit lässt sich vom Tor aus mal mehr, mal weniger erkennen, wie das Gelände bebaut war und was sich dort abgespielt haben mag. Die Festung selbst dehnte sich über 220 Meter Länge und 150 Meter Breite aus. Die Geschützstände erhielten ein acht Meter starkes Fundament. Ringsum schützte ein weiterer, zehn Meter breiter Erdwall die Haubitzen. In diesen Wall waren Munitionslager sowie sogenannte Kasematten integriert, röhrenartige und mit Beton übergossene Wellblechgewölbe, in denen die Marinesoldaten in Hängematten schliefen. „Die Batterie war auch weitgehend autark", erzählt Grützner. Für die notwendige Stromversorgung sorgte ein kleines Elektrizitätswerk, ein Brunnen im Außenbereich lieferte Wasser. Über ein über- und unterirdisches Kabel war die Militäranlage mit dem Telefonnetz des Dorfes verbunden.

Aus der Ferne wirkt die ehemalige Haubitzenbatterie wie ein kleines Waldstück und ganz harmlos.

Wichtigstes Element waren aber die vier Haubitzen. Jedes der Geschütze konnte 150 Sprenggranaten des 28-cm-Kaliber mehr als zehn Kilometer weit feuern. Für die Peilung der Ziele waren zwei Beobachtungsposten direkt auf dem Weserdeich gebaut worden. Die Soldaten in den Leitständen gaben ihre Informationen telefonisch an die Geschützbesatzungen weiter.

Die Kaiserliche Haubitzenbatterie drückte dem Dorf ihren Stempel auf. Schon der Bau sorgte für Wirbel. „In unserem kleinen Hafen herrscht augenblicklich ein so reges Leben und Treiben, wie es zu den besten Zeiten der Segelschiffahrt nicht der Fall gewesen", schrieb die Unterweser-Zeitung, eine Vorgängerin der Nordsee-Zeitung, im April 1906. Und weiter: „Gestern lagen nicht weniger als 13 Kähne zum Löschen bereit. Die Fahrzeuge schaffen immer noch Kies und Sand für den Batteriebau heran." Im Oktober 1906 war der Bau fertig, 1907 zogen die ersten Marinesoldaten ein. Ab dann mussten sich die Dorfbewohner auch an die regelmäßigen, öffentlich angekündigten Schießübungen gewöhnen. Und nicht nur sie: Auch in den umliegenden Ortschaften sollen die Fenster und Türen gewackelt haben, wenn die Haubitzenbatterie *Feuer frei* gab.

„Es war eine aufregende und aufgewühlte Zeit."

„Es war eine aufregende und aufgewühlte Zeit", meint Renate Grützner. „Vor allem die Angst vor den Schiffen der Engländer trieb die Marine zum Bau der Geschützanlage." Es galt, die Einfahrt zur Weser zu schützen. Die Lage dafür ist in Wremen ideal: Nur rund 1000 bis 1500 Meter Luftlinie ist die Haubitzenbatterie von der Küste entfernt, etwa zehn Kilometer breit ist die Wesermündung an dieser Stelle – alles in Reichweite der Geschosse. Diesem militärischen Interesse mussten sich alle anderen Lebensbereiche unterordnen. Einen Höhe- oder eher Tiefpunkt erreichte das militärische Treiben 1914 im Ersten Weltkrieg. „Damals wurde kurzerhand der hohe Turm der Wremer Kirche um die Hälfte abgetragen", berichtet die Ortsheimatpflegerin. „Die Marine befürchtete, dass das in weiter Ferne sichtbare Gebäude es dem Feind erleichtern würde, die Haubitzenbatterie anzupeilen." Erst 1930 wurde der Turm wiederaufgebaut.

Zum Ernstfall kam es letztlich aber nie: „Soweit wir wissen, wurde von Wremen aus kein einziger Schuss auf feindliche Schiffe abgefeuert", erzählt die Ortsheimatpflegerin. Eine der Haubitzen sei bereits 1917 abgebaut und in die Türkei gebracht worden. „Nach dem Ende des Ersten Weltkriegs ließen die Siegermächte im Jahre 1919 auch die drei verbliebenen Geschütze demontieren", berichtet die Wremerin. Kurz vor dem Zweiten Weltkrieg nutzte die Wehrmacht die Haubitzenbatterie dann als Munitionslager und richtete eine Reparaturwerkstatt für Flakscheinwerfer ein. Im Laufe des Kriegs wurden Flakgeschütze rund um die Batterie positioniert.

Nachdem die Haubitzenbatterie auch den Zweiten Weltkrieg unbeschadet überstanden hatte, machte ihr schließlich die Entmilitarisierung Deutschlands ein Ende: Im Februar 1946 sprengten die Amerikaner das Bauwerk größtenteils.

Es folgten friedlichere Zeiten: „Eine Zeitlang diente das Areal nur als Heimat für Wildtiere und verschiedene Vogelarten", erzählt Renate Grützner. Ab Ende der 70er- bis hinein in die 90er-Jahre habe auch der Zivil- und Katastrophenschutz aus Bremerhaven das Gelände für Übungen genutzt, erinnert sich die langjährige Kinderärztin der Ortschaft. „Die jüngere Geschichte ist allerdings wesentlich komplizierter und undurchsichtiger als die der Jahrzehnte davor", merkt sie an. Im Jahr 2000 verkaufte das Bundesvermögensamt das Gelände an einen Privatmann, der dort Bio-Rinderzucht betrieb. Offenbar inklusive nicht unerheblicher Reste von Munition, die der neue Eigentümer auf dem Gelände fand. Ein Rechtsstreit über die Kosten für deren Entsorgung ist leider auch nach vielen Jahren noch nicht entschieden. Das vorläufige Ende der Geschichte: Das Tor zu einem Stück Heimatgeschichte wurde abgesperrt und ein Schild angebracht: *Explosionsgefahr. Betreten verboten.*

Marc-Alexander Wagner

So geht's zum Waldstück:

Die ehemalige Militäranlage liegt nordwestlich von Wremen. Dorthin gelangt man von der zentralen Wurster Landstraße (L129) über die Straße Üterlüe Specken und Am Mahnhamm, an deren Ende die verschlossene Zufahrt liegt. Der Zutritt zum Gelände selbst ist strengstens verboten.

Detlef Mauritz studiert die Inschrift auf einem der Porträtgrabsteine.

50

Porträtgrabplatten

Versteinerte Vergangenheit

Die einst lebendigen Sitten, Bräuche und Moden vergangener Zeiten: Auf den Kirch- und Friedhöfen sind sie mit den Verstorbenen begraben. In einem gewissen Sinne sind sie aber auch hier verewigt: Die historischen Grabsteine können viele Geheimnisse offenlegen – besonders, wenn wie hier an der Wremer Kirche dem modernen Betrachter plötzlich lebensgroß das Abbild eines Wurster Bauern aus dem 16. Jahrhundert vom Grabstein entgegenblickt.

„Diese Porträtgrabsteine sind eine Besonderheit des Landes Wursten, und sie geben uns in mehrerer Hinsicht einen Einblick in die damalige Zeit", findet Detlef Mauritz, seines Zeichens Pastor der

Gemeinde Wremen von 1994 bis 2009. Rund 20 solcher Grabplatten sind in den Kirchen und auf den Kirchhöfen des Landes Wursten zu finden. Wo sich die Suche lohnt, wusste schon der berühmte Heimatforscher und Dichter Hermann Allmers (1821-1902). In seinem Hauptwerk „Marschenbuch. Land- und Volksbilder aus den Marschen der Weser und Elbe“ schreibt er: „In Wremen ist der interessanteste Kirchhof mit vielen alten Grabsteinen, meistens liegenden Platten.“

Die Wurster Porträtgrabsteine sind zwischen 2 und 2,7 Meter hoch, 1,3 bis 2 Meter breit und durchschnittlich 20 Zentimeter dick. Die steinernen Platten, die es übrigens auch in der Standardausführung ohne Porträt gibt, wurden flach auf die bisweilen ummauerte Grabstelle gelegt. „Diese Form der Bestattung war vor allem an den norddeutschen Küsten üblich“, weiß der Pastor im Ruhestand zu berichten. „Sie diente dazu, die Gräber vor den Fluten der Nordsee zu schützen“, erläutert er. So sei es andernorts schon vorgekommen, dass bei einer Sturmflut die Friedhofserde aufgespült und die Gebeine der Verstorbenen freigelegt wurden. Das sollte mit Mauerwerk und schwerer Steinplatte vermieden werden.

„Für die Herstellung der Grabsteine wurde der feinkörnige und recht wetterbeständige, aber auch vergleichsweise teure Sandstein benutzt, der in Obernkirchen im Weserbergland gebrochen und über Bremen auf der Weser Richtung Wurster Marsch transportiert wurde“, erzählt Mauritz. Die Reliefs wurden wohl schon in Bremen oder von reisenden Steinhauern, die durch die Dörfer zogen, gefertigt – oft noch zu Lebzeiten ihrer Kunden.

Allein die Tatsache, dass die Wurster Porträtgrabsteine überhaupt existieren, sagt viel aus. Die besonderen Grabplatten waren eigentlich ein Privileg des Adels und der Geistlichkeit – nur an der Wurster Nordseeküste sind derart reich geschmückte Porträtgrabsteine auch von Bauern erhalten. Die Ausnahmestellung der Wurster hielt schon Hermann Allmers im Marschenbuch fest: „Das Volk dieses Küstenstrichs hat eine Geschichte gehabt, wie kaum ein anderes der Marschen sich dessen rühmen kann und die ihm das tiefeigene Gepräge aufdrücken mußte, welches sein Wesen von jeher charakterisirt. Wie kein anderes weit und breit umher hat es gekämpft und gelitten für seine Unabhängigkeit voll Heldenmuth und Ausdauer; wie keines ringsumher so zähe den alten festen Friesensinn, die friesische Sprache und Sitte bewahrt und wie kein anderes, höchstens die Hadler ausgenommen, so viele Rechte und Freiheiten behauptet durch alle wechselnden Zeiten bis auf den heutigen Tag."

Einer dieser stolzen Wurster war Eide Siates, gestorben 1619. Seinem Andenken und dem seiner Frau ist eine der Grabplatten in Wremen gewidmet. *Anno 1619 Den 9 Iulius Is De Ersame Man Eide Siates In Godt Den Heren Enschlapen Der Selen Got Gnedich Is lautet die Inschrift.* Ein weiterer Schriftzug wurde zu Ehren der Ehefrau eingemeißelt: *1618 Den 28 October Is De Er- Undt Dugendsame Fruwe TeTe Eide Siates in Got Entslapen Der Got Gnedich Is.* „Das Abbild zeigt uns sehr schön, in welcher Tracht sich die Wurster damals kleideten: Pluderhose, gepolsterter Wams, Mantel und ein kesselartiger Hut als Zeichen des freien Mannes", beschreibt Detlef Mauritz. Gerade der Hut von Eide Siates hat für reichlich Spekulationen gesorgt, da er nicht auf dem Kopf, sondern auf dem Boden zwischen den Beinen abgebildet ist. „Das nahm man als deutliches Zeichen dafür, dass der Abgebildete eines unnatürlichen, also gewaltsamen Todes gestorben war", erläutert der Wremer. Inzwischen hat sich jedoch allgemein die Erkenntnis durchgesetzt, dass der Künstler wohl eher ästhetische Gründe dafür hatte: Er wollte einfach die freie Fläche zwischen den Füßen füllen, weil er die dort üblicherweise platzierte Hausmarke schon in den vier Ecken des Grabsteins verwendet hatte.

Die Grabplatte von Tantee Siade Steders direkt neben jener von Eide Siates folgt in der Hinsicht dem Standard. „In den Ecken sind die vier Symbole der Evangelisten eingraviert", erklärt Detlef Mauritz. „Der Adler des Johannes, der Engel des Matthäus, der Stier des Lukas und der Löwe des Markus." Zwischen den Füßen steht ein Schild mit dem Hauszeichen des Verstorbenen. Die Inschrift zu Ehren von Tantee Siade Steders lautet: *Anno 1595 den 13 September Starff Tantee Siade Steders tho Wreme Godt salich im Heren der selen Godt Gnedich si und de Here vorlene em eine folike upErstan.*

„Diese Porträtgrabsteine sind eine Besonderheit des Landes Wursten und sie geben uns einen Einblick in die damalige Zeit."

Dieser Grabstein zeigt aber auch, dass man nicht immer die Kunstfertigkeit der Porträtgrabsteine zu schätzen wusste. „Der Stein wurde in der Mitte gespalten. Eine Hälfte wurde als Treppenpodest verwendet, die andere lag als Deckel mit der bearbeiteten Seite nach unten auf einem Brunnenschacht", erzählt Mauritz. Es ist wieder Hermann Allmers, der in der fünften Auflage seines Marschenbuchs 1891 einen Hinweis auf den Frevel gibt: „Mit wahrem Schmerz habe ich hier nachzufügen, daß die beiden herrlichen Grabsteine nicht mehr vorhanden, sondern erst vor einigen Jahren der Unwissenheit oder Gleichgültigkeit des Kirchenvorstands zum Opfer fielen, indem sie verkauft und zerschlagen wurden. Wieder ein beklagenswertes Beispiel von gänzlichem Mangel an historischem Sinne, an Pietät vor Ehrwürdigem."

Blick in die Vergangenheit: Die Porträtgrabsteine geben einen Eindruck von der Tracht der Wurster Bauern.

Doch Detlef Mauritz kann ein gutes Ende berichten: „Johann Möller, der Wremer Pastor von 1924 bis 1952 und Autor der Chronik der Gemeinde Wremen, hat um 1930 die beiden Teile ausfindig gemacht und die neuen Besitzer überzeugt, sie der Kirche wieder zurückzugeben." So kann man am Glockenturm der Wremer Kirche heute wieder im Angesicht stehen von Eide Siates, Tantee Siade Steders und all den anderen stolzen Wurster Bauern.

Marc-Alexander Wagner

So geht's zu den Porträtgrabplatten:

Die Porträtgrabsteine sind in Wremen, Cappel, Padingbüttel und Spieka in der Gemeinde Wurster Nordseeküste sowie in Imsum in der Stadt Geestland zu finden. Die beschriebenen Exemplare stehen frei zugänglich an der Außenwand des Glockenturms der Wremer Kirche.

Quellen, Literatur, Bildnachweis

Ahrens, Karl-Otto; Schön, M.: Burg Bederkesa. Bremerhaven 2008.

Allmers, Hermann: Marschenbuch. Land- und Volksbilder aus den Marschen der Weser und Elbe. Gotha 1858, S. 119-122, 215-249.

Andersen, Lale: Leben mit einem Lied. München 1981.

Bautz, Traugott (Hrsg.): Biographisch-Bibliographisches Kirchenlexikon. Band 1. Hamm 1975.

Benscheidt, Anja; Kube, A.: Historisches Museum Bremerhaven / Morgenstern-Museum. Das etwas andere Museum. Bremerhaven 1999.

Beplate, Ernst: Bederkesas Juden. In: Jahrbuch der Männer vom Morgenstern. Bremerhaven 1979, S. 223-249.

Bessell, Georg: Geschichte Bremerhavens. Bremerhaven 1927, S. 361–362.

Bordhunde.de: Bordhunde Malo und Pushkin von der Schulfregatte Scheer. URL: http://www.bordhunde.de/html/bordhunde10_scheer.html. Abgerufen am 09.06.2016.

Bormann, Hermann: Bilder zur Geschichte des Hamburgischen Amtes Ritzebüttel und der Stadt Cuxhaven, Teil 2. Cuxhaven 1983.

Bormann, Hermann: Daten zur Geschichte des Amtes Ritzebüttel und der Stadt Cuxhaven. Cuxhaven 1982.

Borrmann, Herbert: Bilder zur Geschichte des hamburgischen Amtes Ritzebüttel und der Stadt Cuxhaven. Cuxhaven 1985.

Bremerhaven.de: Die Geschichte des Wencke-Docks: Schiffbau an der wirtschaftlichen Keimzelle der Stadt. URL: http://www.bremerhaven.de/meer-erleben/service-infos/die-geschichte-des-wencke-docks-schiffbau-an-der-wirtschaftlichen-keimzelle.48765.html In: Bremerhaven.de. Abgerufen am 18.05.2016.

Bremerhaven.de: Die übrigen Werften an der Geeste. URL: http://www.bremerhaven.de/meer-erleben/service-infos/stadtgeschichte/die-uebrigen-werften-an-der-geeste.24391.html. Abgerufen am 18.05.2016.

Bremerhaven.de: Stadtteil Lehe - Geschichte. URL: http://www.bremerhaven.de/stadt-politik/stadtinformation/stadtteil-lehe-geschichte.12324.html. Abgerufen am 28.05.2016.

Bundeszentrale für politische Bildung: Durch den Bombenhagel zum Bunker. URL: http://www.bpb.de/geschichte/nationalsozialismus/dossier-nationalsozialismus/39593/durch-den-bombenhagel-zum-bunker. Abgerufen am 10.06.2016.

Bussler, Peter; Schumann, N.: Militär- und Marinegeschichte Cuxhavens. Cuxhaven 2000.

Bussler, Peter: Cuxhavener Geschichten. Fischerhude 2013.

Bussler, Peter: Ein peinliches

Halsgerichtsverfahren im 18. Jahrhundert – Hinrichtungsstätten im Amt Ritzebüttel. In: Niederdeutsches Heimatblatt Nr. 637, Bremerhaven 2003, S. 1f.

Bussler, Peter: Grimmershörn, Geschichte der Cuxhavener Bucht zwischen gestern und heute. Cuxhaven 2011.

Bussler, Peter: Historisches Stadtlexikon für Cuxhaven. Bremerhaven 2002.

Cordes, J. J.: Unser schöner Park in Speckenbüttel. In: Jahrbuch der Männer vom Morgenstern 54. Bremerhaven 1974. S. 249ff.

Dänisches Kulturministerium: Kunstindeks Danmark & Weilbach Kunstnerleksikon (Basierend auf Sammlung Philip Weilbach von 1878) zu Anton Melbye, (https://www.kulturarv.dk/kid/VisWeilbach.do?kunstnerId=215&wsektion=alle).

Die Anlage der Chaussee von Lehe nach Bremen. 1819–1856. o. O., o. S. (Signatur im Staatsarchiv Stade: NLA ST, Rep. 74 Lehe, Nr. 570).

Dionysiusgemeinde Lehe: Historie. URL: http://www.dionysiusgemeinde-lehe.de/seite/128072/historie.html. Abgerufen am 31.05.2016.

Eilers, Hans-Heinrich (Hrsg.): Cuxhaven- Eine Stadt im Jahre ihres Jubiläums 2007. Vechta 2007.

Ein altes Grabdenkmal neben der Kirche. In: Alte Kirche 1803-2003. 200 Jahre Dionysiuskirche in Bremerhaven-Lehe. Bremerhaven 2003, S. 30.

Ellmers, Prof. Dr. Detlev: Die Grabstätte des heiligen Dionysius. Ein geschichtsträchtiges Denkmal in Bremerhaven-Lehe. In: Niederdeutsches Heimatblatt 762. Bremerhaven 2013, S. 2.

Ernst, Manfred: Das Gespensterschiff, Bremerhaven 2008 mit Fotos und Quellenbelegen (online: http://www.bremerhaven.de/downloads/288/26075/Gespensterschiff.pdf).

Gabcke, Harry: 150 Jahre Bremerhaven 1827–1977. Bremerhaven 1976, S. 118.

Gerhard, Nikolaus (Hrsg.): Geschichten aus Land Wursten, Zweckverband Landesstube Alten Landes Wursten. Cuxhaven 2003, S.147-151.

Grandauer, Johann Jaspar Guillaum Caspar: Gedenkbuch des Hamburgischen Amtes Ritzebüttel. o.O. 1852.

Hildebrand, Herbert: Die Aue. In: Geschichten aus Lehe - Erzähltes und Erlebtes aus der Hafenstraße und Umgebung seit über 100 Jahren. Bremerhaven 2012, S. 39–42.

Hinck, Anton: Drei Inschriften von der Burg Bederkesa. In: Bremisches Jahrbuch, Band 51, Bremen 1969, S. 287-292.

Hollener Chronik: „Zwischen Geest, Moor und Lune – 900 Jahre Hollen“ Hollen 2004, S. 60-61.

Iba, Eberhard Michael (Hrsg.): Hake Betken siene Duven - Das große Sagenbuch von Elb- und Wesermündung. Bremerhaven, 1999, S. 225ff.

IG Metall Bremerhaven: Geschichte der Arbeiterbewegung Bremerhavens 1818 - 1932. URL: http://www.igmetall-bremerhaven.de/startseite/news/geschichte-der-arbeiter bewegung-bremerhavens-1818-1932-2089. Abgerufen am 07.06.2016.

Immen, Lühr: Chronika der Dorfschaft Langen von den frühesten Zeiten bis auf die Gegenwart 1874. Langen 1874.

Kahle, Hans-Jürgen: Gestohlene Jugendjahre. Cuxhaven 1995, S.11, 13, 15, 16.

Körtge, Herbert: Zur Geschichte des Morgenstern-Museums in Bremerhaven. In: Jahrbuch der Männer vom Morgenstern 75. Bremerhaven 1996, S. 251-303.

Köster, Friedrich (Hrsg.): Alterthümer, Geschichten und Sagen der Herzogthümer Bremen und Verden. Stade 1856, S. 213–216.

Krummel, Helmut: Vor hundert Jahren – Haubitzenbatterie gebaut. In: Niederdeutsches Heimatblatt Nr. 644, Bremerhaven 2005, S. 2f.

LeMO, Lebendiges Museum Online: Zwangsarbeit. Abgerufen am 15.06.2016.

Lungagnini, Henrik: „Anton Melbye, ein dänischer Maler in Hamburg". In: Jahrbuch Altonaer Museum 10. Band, Hamburg 1972, S. 99-110.

Mausolf, Andreas; Esmann, Wilhelm: Die Geschichte der Bremerhavener Straßenbahn. Freiburg 1990.

Menzel, Thomas: „Die sieben Schulfregatten (Klasse 138) der Bundesmarine." In: Bundesarchiv.de. URL: https://www.bundesarchiv.de/oeffentlichkeitsarbeit/bilder_dokumente/01101/index-0.html.de. Abgerufen am 09.05.2016.

Möller, Johann: Chronik der Gemeinde Wremen. Wremen 1993, S. 251-267

Mülich, Walter: Westerbeverstedter Kessel – Ein eiszeitliches Zeugnis in Lunestedt. O.O., o.J.

Müller, Klaus: Tegetthoffs Marsch in die Nordsee. Graz, Wien und Köln 1991.

Nitschke, Willi: Instandsetzung des Amtshauses und Ergebnisse der Bauuntersuchungen. In: Schloß Ritzebüttel – Beiträge zur Geschichte des Amtshauses. Otterndorf 1994, S. 99-116.

Protte, Katja: „Mythos ‚Lili Marleen' – ein Lied im Zeitalter der Weltkriege." In: Militärgeschichte Zeitschrift, Jahrgang 1963, Heft 2, S. 355-400.

Raap, Peter: Der Alte Postweg und seine Geschichte. Eine uralte Verkehrsverbindung von Bremen nach Ritzebüttel. In: Niederdeutsches Heimatblatt 770, Bremerhaven 2014, S. 2 f.

Restaurant Seute Deern: Die Geschichte der Seute Deern. URL: http://www.seutedeern.de/de/die-seute-deern.html. Abgerufen am 17.06.2016.

Ricken, Heiko; Schröder, Heiner: Geschichtliches aus Schiffdorf: Die Bohlen-Familie. URL: http://www.schiffdorf.de/pics/medien/1_129 1278433/Bohlen_Familie.pdf.

Abgerufen am 27.06.2016.

Scheffel, Joseph Viktor von: Kritische Ausgabe in 4 Bänden, Band 1, Leipzig/Wien 1917, S. 20-22.

Scheper, Burchard: Die jüngere Geschichte der Stadt Bremerhaven. Bremerhaven 1977.

Schroedter, Paul; Schroedter, G. (Hrsg.): 100 Jahre Schiffahrt, Schiffbau, Häfen. Hamburg 1964.

Schumann, Nik: 100 Jahre Mützelfeldtwerft in Cuxhaven. Hamburg 2004.

Schumann, Nik: Historische Postkarten aus Cuxhaven. Cuxhaven 2009.

Segers-Glocke, Christine (Hrsg.): Baudenkmale in Niedersachsen, Bd. 19 Landkreis Cuxhaven. Hameln 1997, S.133-185.

Strohmeyer, Dieter: Karlsburg 12–14. Auswandererhaus, Kaserne, Brauerei, Hochschule. Ein Haus erzählt Geschichte und Geschichten. Bremerhaven 2000.

Waller, Kurt: Der Galgenberg bei Cuxhaven, Leipzig 1938.

Wikipedia: Alter Hafen Bremerhaven. URL: https://de.wikipedia.org/wiki/Alter_Hafen_%28Bremerhaven%29. Abgerufen am 23.05.2016.

Wikipedia: Auswandererhaus Bremerhaven. URL: https://de.wikipedia.org/wiki/Auswandererhaus_Bremerhaven. Abgerufen am 20.05.2016.

Wikipedia: Dionysius-Kirche (Bremerhaven-Lehe). URL: https://de.wikipedia.org/wiki/Dionysiuskirche_Bremerhaven-Lehe). Abgerufen am 11.06.2016.

Wikipedia: Heinrich von Sachsen-Lauenburg. URL: https://de.wikipedia.org/wiki/Heinrich_von_Sachsen-Lauenburg. Abgerufen am 13.06.2016.

Wremer-Chronik.de: Die Haubitzenbatterie in Wremen. URL: http://www.wremer-chronik.de/wp-content/uploads/2015/01/Die-Haubitzenbatterie-in-Wremen.pdf. Abgerufen am 04.06.2016.

Wiltfang, Gerd: Militärische Bauten der Festung Cuxhaven ab 1870 – eine Bestandsaufnahme, Teil 1. Cuxhaven 2010.

Wohltmann, Hans: „Heinrich III. Herzog von Sachsen-Lauenburg“. In: Neue Deutsche Biographie 8 (1969), S. 354 [Onlinefassung]; URL: http://www.deutsche-biographie.de/pnd120812843.html. Abgerufen am 13.06.2016.

Wolff, Willy: Im Speckenbütteler Park – Ein Rundgang. Bremerhaven, 1985.

Wolter, Günter: Die Cuxhavener Straßennamen. Cuxhaven, September 2001.

Bildnachweis

S. 191, Covermotiv Women's History rot: Erich Correns [Public domain], via Wikimedia Commons.

S. 191, Covermotiv Women's History lila: Franz Xaver Winterhalter [Public domain], via Wikimedia Commons.

1 Alte Bauteile
2 Straßenbahnrosetten
3 Dampframme
4 Poller
5 Steinerne Eicheln
6 Mauerrest
7 Pegelhäuschen
8 Reeperbahn
9 Schiefe Häuser
10 Grabdenkmal
11 Gespensterschiff-Tafel
12 Holzschuppen
13 Trockendock
14 Dionysius-Grabstein
15 Baulücke
16 Erhebungen
17 Seute Deern
18 Sandsteintafeln
19 Geschäftshaus
20 Auseinandergebr. Mauer
21 Lale-Laterne
22 Semaphor
23 Wrack
24 Berg
25 Kanonenkugel
26 Hügel
27 Balkon
28 Mauer
29 Galgenberg
30 Grenzstein
31 Ankerhaken
32 Brückenreste
33 Geheimgang
34 Chinahäuschen
35 Ringwall
36 Opferstein

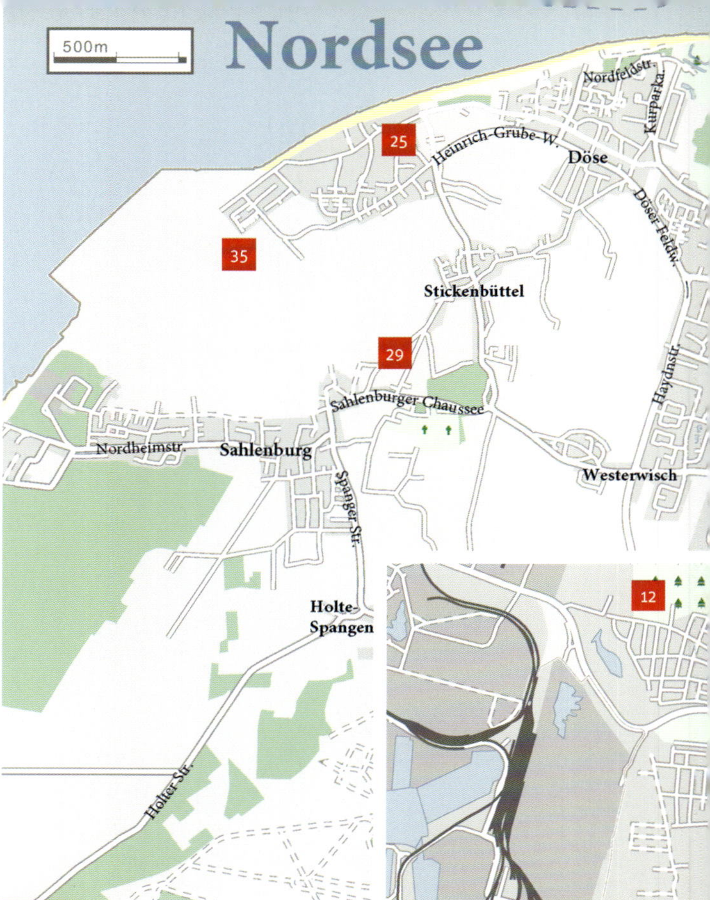

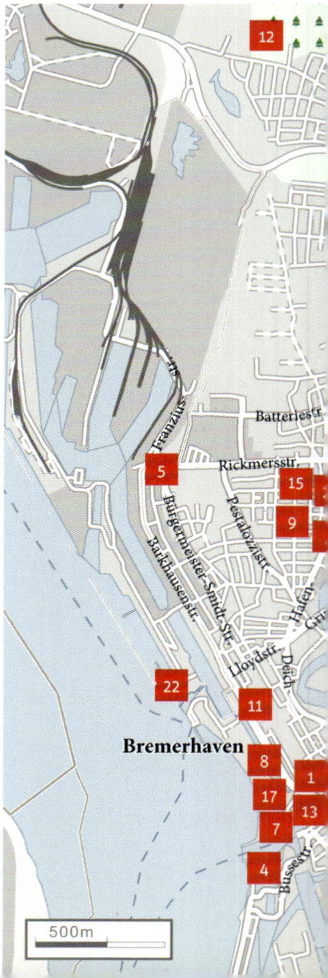

37 Pestgrube
38 Grabstein
39 Inschrift
40 Dolmen
41 Friedhof
42 Straßengraben
43 Treppenturm
44 Wappenstein
45 Gruft
46 Kopfsteinpflaster
47 Ziegelsteine
48 Steinbrocken
49 Waldstück
50 Porträtgrabplatten

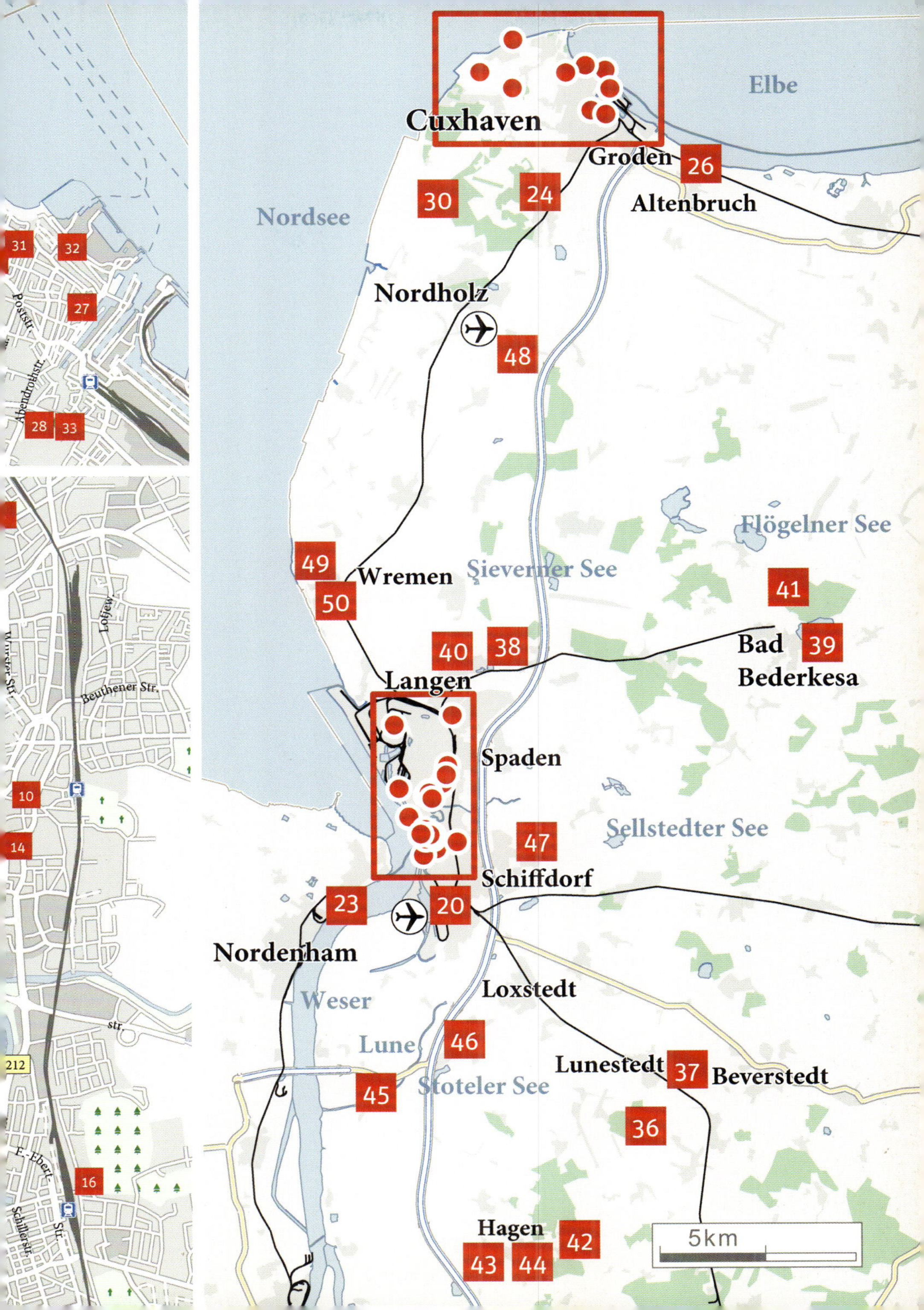

31
32
27
Poststr.
Abendrothstr.
28
33
Lotjew.
Beuthener Str.
10
14
212
str.
F.-Ebert-
16
Schillerstr.
Str.
Elbe
Cuxhaven
Groden
26
30
24
Altenbruch
Nordsee
Nordholz
48
Flögelner See
49
Wremen
Sieverner See
41
50
40
38
Bad
39
Bederkesa
Langen
Spaden
47
Sellstedter See
Schiffdorf
23
20
Nordenham
Loxstedt
Weser
46
Lune
Lunestedt
37
Beverstedt
45
Stoteler See
36
Hagen
42
43
44
5km

SIE WOLLEN NOCH MEHR ÜBER

Bremerhaven, Cuxhaven und Cuxland

ERFAHREN?

Hier gibt es sachkundige Informationen:

Bremerhavenlotsen
Begeisternde Stadtführungen durch Bremerhaven: Witz und Wissen, spannende Geschichten und überraschende Ein- und Ausblicke.
Utbremer Ring 176 | 28215 Bremen
Telefon: 0421 / 40899505
E-Mail: info@bremerhavenlotsen.de
Homepage: www.bremerhavenlotsen.de

Burg zu Hagen im Bremischen e.V.
Kultur- und Heimatverein
Ausstellungen & Veranstaltungen
Burgallee 1
27628 Hagen im Bremischen
Telefon: 04746 / 6043
E-Mail: info@burg-zu-hagen.de
Homepage: www.burg-zu-hagen.de
Öffnungszeiten:
Mai bis September
Di. - Fr.
9 Uhr bis 12 Uhr, 15 Uhr bis 18 Uhr
Oktober bis April
Di. - Fr.
9 Uhr bis 12 Uhr, 15 Uhr bis 17 Uhr

Förderverein Maritimer Denkmalschutz
Mit dem Ziel, maritime Denkmäler zu erhalten, hat der Förderverein in den vergangenen Jahren zahlreiche eigene Projekte realisiert und anderen Vereinen bei der Verwirklichung ihrer Projekte geholfen. Neue Mitglieder sind immer herzlich willkommen!
Telefon: 0471 / 8009950
Homepage: www.mds-bremerhaven.de

Geschichtswerkstatt in Stotel
Karl-Heinz Bellmer, Ortsheimatpfleger in der Ortschaft Stotel, trifft sich mit Gleichgesinnten Donnerstags von 17 Uhr bis 19 Uhr in der Geschichtswerkstatt in der Alten Schule Stotel.
E-Mail: Karl-Heinz.Bellmer@t-online.de

Historisches Museum Bremerhaven
An der Geeste
27570 Bremerhaven
Telefon: 0471 / 308160
E-Mail: info@historisches-museum-bremerhaven.de
Homepage: www.historisches-museum-bremerhaven.de
Öffnungszeiten:
Di. - So. 10 Uhr bis 17 Uhr

Kunstmuseum Bremerhaven
Karlsburg 1
27568 Bremerhaven
Telefon: 0471 / 46838
E-Mail: info@kunstverein-bremerhaven.de
Homepage: www.kunstverein-bremerhaven.de/kunstmuseum-de/
Öffnungszeiten:
Di. - Fr.
11 Uhr bis 18 Uhr
Sa. und So.
11 Uhr bis 17 Uhr

Museum Burg Bederkesa
Amtsstraße 17 | 27624 Geestland
Telefon: 04745 / 94390
E-Mail: info@burg-bederkesa.de
Homepage: www.burg-bederkesa.de
Öffnungszeiten:
Mai bis September
Di. - So.
10 Uhr bis 18 Uhr
Oktober bis April
Di. - So.
10 Uhr bis 17 Uhr

Otterbitop Lunestedt und Dorphuus-Natureum
Kinder-Führungen als Naturerlebnis, zum Sehen, Fühlen, Erfolg-Verbuchen
Hermann Kück
Telefon: 04748 / 1056
Forum Natur Lunekring
Mobil: 0171 / 6011429
E-Mail: hk.for.nature@eb.de
Homepage: www.forum-natur-lunekring.de
Nach Terminvereinbarung

Stadtarchiv Bremerhaven
Das Stadtarchiv fördert die Geschichtsvermittlung durch eine regelmäßige Vortragsreihe, Kurse (zum Beispiel zum Lesen und Schreiben historischer Handschriften), Historische Stadtrundgänge und Exkursionen. Zu speziellen Themen werden Workshops und archivpädagogische Formate angeboten.
Hinrich-Schmalfeldt-Str.
Stadthaus 5
27576 Bremerhaven
Telefonnummer: 0471 / 5902567
E-Mail: stadtarchiv@magistrat.bremerhaven.de
Homepage: www.stadtarchiv-bremerhaven.de
Öffnungszeiten:
Mo. 9 Uhr bis 12:30 Uhr und 13:30 Uhr bis 18 Uhr
Di. - Do. 9 Uhr bis 12:30 Uhr und 13:30 Uhr bis 16 Uhr
Fr. 9 Uhr bis 12 Uhr

Publikationen:

Behrens, Rinje Bernd: Die Einwohner des Fleckens Lehe 1827-1875. Von der Gründung Bremerhavens bis zur Einführung der Standesämter. Bremerhaven 2012.

Bickelmann, Hartmut; Peters, Dirk J.: Vierundfünfzigmal Bremerhaven. Miniaturen zur Geschichte von Stadt und Hafen. Bremerhaven 2013.

Bischop, Dieter; Borger-Keweloh, Nicola; Riemer, Dieter (Hrsg.): Burg und Kirche in Wulsdorf. Bremerhaven 2014.

Bremerhaven Stadtarchiv: http://www.bremerhaven.de/meer-erleben/stadtarchiv/veroeffentlichungen/.

Grützner, Renate: Wremer Chronik: http://www.wremer-chronik.de

Hünken, Heino: Blog-Seite „Geschichte in der Region“: http://meine-vereine.blogspot.de/.

Kück, Hermann: Horch die Tiere erzählen. Wahre Geschichten übers Otterbiotop und mehr. Lunestedt 2016.

Plesse, Arnold und Arbeitskreis Chronik: Lunestedter Chronik - Freschluneberg und Westerbeverstedt. Ein Dorf mit Zukunft. Lunestedt 2009.

Plesse, Arnold: http://chronik.lunestedt.de/.

Siegmeyer, Jutta: Das Amt Hagen in schwedischer Zeit – 1646 bis 1720. Stade 2016.

Westedt, Hermann; Benja, Günter (Hrsg.): Stadt Geestland: Langen und Bederkesa heute & morgen. 2014.

Haftungsausschluss

Trotz intensiven Austauschs mit unseren Gesprächspartnern, gewissenhafter Literaturrecherche und aufmerksamem Korrekturlesen erheben wir weder einen Anspruch auf Vollständigkeit noch auf Fehlerlosigkeit. Wir haben streng darauf geachtet, keine Urheberrechte zu verletzen, unsere Recherchen sind nach bestem Wissen und Gewissen erfolgt. Dennoch übernehmen wir keinerlei Gewähr für die Aktualität, Korrektheit oder Vollständigkeit der bereitgestellten Informationen. Haftungsansprüche gegen uns schließen wir grundsätzlich aus.